HESSE

Mon enfance

Traduit de l'allemand par

Edmond Beaujon

Avec une postface de

Lionel Richard

Illustrations
de Lys Flowerday

ÉDITIONS MILLE ET UNE NUITS

HESSE
n° 78

Texte intégral

Ce récit est la réunion de deux nouvelles :
1. *Meine Kindheit* (extrait de *Frühe Prosa*)

2. *Aus Kinderzeiten*
(extrait de *Diesseits, Kleine Welt, Fabulierbuch*)

ISBN : 2-84205-007-X

Sommaire

HESSE

Mon enfance

Mon enfance

I

À toutes les époques de ma vie d'adulte, mon enfance m'est apparue sous des formes diverses, souvent comme un pâle enfant légendaire, à la tête bouclée, figure étrange, énigmatique. En général, ces souvenirs venaient me hanter pendant mes nuits d'insomnie; cela commençait par le rappel d'un parfum de fleur ou d'une mélodie et allait jusqu'à un sentiment de tristesse, de contrariété et d'amertume profonde, jusqu'à la tendre nostalgie de mains caressantes ou encore à la douce envie de prier et de verser des larmes.

Maintenant encore, lorsque de temps à autre, je me sens ému par le souvenir de mon enfance, c'est une image encadrée d'or, aux couleurs intenses, qui m'apparaît distinctement, image où je distingue avant tout une abondante frondaison d'aulnes et de châtaigniers dans l'éclat d'une lumière matinale impossible à décrire et sur un arrière-fond de splendides montagnes.

Je ne saurais évoquer en des termes plus heureux toutes les heures de mon existence au cours desquelles, oublié du monde, j'ai joui d'un bref repos, toutes mes promenades solitaires par monts et par vaux, tous les instants de bonheur inattendu ou d'amour libéré du désir qui me faisaient perdre la notion du temps, qu'en les comparant à cette verdoyante image de mon enfance. Et j'ai le même sentiment à propos de toutes les choses que, ma vie durant, j'ai aimées et souhaitées pour mon délassement et ma plus haute jouissance, toutes les traversées de villages inconnus, toutes les soirées où je comptais les étoiles, toutes les heures passées étendu à l'ombre des feuillages, toutes mes conversations avec les arbres, les nuages et les enfants.

L'époque la plus reculée de mon existence dont je puisse me souvenir avec quelque précision doit à peu près coïncider avec la fin de ma troisième année. Ce jour-là, mes parents m'avaient mené en promenade sur un escarpement couronné par une ruine d'une étendue et d'une hauteur considérables et qui attirait chaque jour de nombreux citadins. Mon jeune oncle me souleva au-dessus de la balustrade d'un mur assez élevé et me fit regarder dans le vide qui s'ouvrait à nos pieds. Je fus alors saisi d'angoisse et de vertige et, dans mon émoi, je me mis à trembler de tout mon corps, jusqu'à ce qu'on me ramenât à la maison où je fus mis au lit. À dater de ce jour, je fus souvent la proie de rêves angoissés où je revoyais cet abîme et qui me serraient le cœur au point que je gémissais en rêvant et me réveillais tout en larmes. Une vie pleine de richesses et de mystères avait cependant précédé cette journée et je n'en avais pas gardé le moindre souvenir ! J'ai beau me torturer l'esprit, ma mémoire n'a jamais pu remonter plus loin que cette fameuse journée. Lorsque je m'interroge sérieusement sur les premiers temps de ma vie consciente et sur les états d'âme qui les caractérisaient, j'ai l'impression qu'aucun sentiment, à part ma disposition naturelle à la bienveillance, ne s'est éveillé en moi aussi tôt et n'a pris autant de force que le sentiment de la pudeur. J'ai parfois constaté chez des enfants de cinq ans ou davantage des manifestations d'impudeur dont je sais fort bien que j'eusse été incapable à l'âge de trois ou quatre ans.

Quand je cherche à me souvenir avec plus de précision des événements vécus et des dispositions physiques et morales qui ont persisté dans mon existence, je ne peux remonter au-delà de ma cinquième année. La première chose que je retrouve alors est l'image du milieu familial où j'ai grandi, de mes parents et de notre maison, ainsi que de la ville et du paysage. À cette époque, ce qui s'est gravé en moi, c'est d'abord la rue large et ensoleillée où nous habitions, rue de banlieue qui ne comportait qu'une seule rangée de maisons ; ensuite je revois les monuments les plus remarquables de la ville, la cathédrale, l'hôtel de ville, les ponts sur le Rhin et surtout une vaste prairie qui commençait derrière notre maison et qui paraissait sans limites à mes explorations d'enfant. Aucune expérience intime et profonde, aucun être humain et même pas l'image de mes parents, rien ne m'a parlé plus tôt un langage aussi clair que cette prairie avec ses innombrables particularités. Le souvenir que j'en garde me semble plus ancien que celui des visages que j'ai connus et des vicissitudes de mon propre destin. À mon sentiment de pudeur qui s'accompagna très tôt d'une répugnance à subir sur mon corps le contact de mains étrangères, celles des domestiques ou du médecin, il faut peut-être rattacher mon goût précoce de la solitude en pleine nature. Les nombreuses promenades que j'ai faites en ce temps-là et qui duraient souvent des heures avaient toujours pour but les endroits les plus inviolés et les plus sauvages de cette immense prairie. Ce sont aussi ces moments de solitude parmi les herbes qui m'ont fait éprouver avec le plus de force ce douloureux sentiment de bonheur dont s'accompagnent presque toujours nos pérégrinations sur les chemins de l'enfance. Aujourd'hui encore, les odeurs d'herbe de cette plaine me montent à la tête en exquises bouffées et me donnent la singulière conviction qu'il est impossible de trouver, à aucune autre époque et dans aucune autre prairie, des graminées et des papillons aussi merveilleux, des plantes aquatiques d'un ton aussi vif, des boutons d'or d'une intensité pareille, des fleurs de coucou, des primevères, des campanules et des scabieuses aussi ravissantes et aussi richement colorées. Nulle part ailleurs je n'ai revu des plantains aussi gracieusement élancés, de l'orpin des murailles d'un jaune aussi éclatant, d'aussi brillants et fascinants lézards et papillons, et toute l'insistance de ma raison ne parvient qu'avec peine et bien malgré moi à me faire reconnaître que ce ne sont pas les fleurs ni les lézards qui se sont depuis lors métamorphosés à leur désavantage, mais que seuls mon regard et mon cœur ont changé.

Tandis que je remue ces pensées, j'ai l'impression que toutes les choses précieuses que par la suite j'ai pu voir de mes yeux et tenir dans mes mains, mon métier lui-même, tout cela ne compte guère en comparaison de cette prairie et des splendeurs qu'elle contenait. J'ai passé là de lumineuses matinées couché dans l'herbe, la tête appuyée sur mes mains, à contempler au loin l'étendue ondoyante des herbes qui scintillaient au soleil, comme une mer parsemée d'îles tantôt rouges, tantôt bleues ou violettes, selon qu'elles étaient formées de coquelicots, de campanules, ou de cardamines. Avec ravissement, je suivais du regard les papillons jaunes qui voletaient au-dessus de la prairie, les argus aux ailes bleues, les grands mars changeants, et les belles-dames dont le brillant rappelle celui de précieux objets anciens, les morios aux lourdes ailes, la noble tribu des voiliers et des machaons, l'amiral noir et rouge, l'apollon si rare et si respectueusement nommé. Ce dernier, que je connaissais déjà par les descriptions de mes camarades, vola un jour vers moi, se posa non loin de l'endroit où je me trouvais et remua lentement ses magnifiques ailes d'albâtre, de sorte que je pus observer leur forme arrondie et les beaux dessins qu'elles portaient, les lignes brillantes comme le diamant et, sur chaque paire d'ailes, deux yeux d'un rouge intense. J'ai conservé de cette lointaine époque peu de souvenirs aussi vifs et aussi frais que celui de cet instant où, retenant mon souffle, et le cœur battant de plaisir, je contemplais ce spectacle. Mais, à la manière déconcertante et cruelle des enfants, je voulus surprendre le noble animal et je jetai mon chapeau sur lui pour l'attraper. Il regarda autour de lui et, prenant soudain son vol avec élégance, il disparut bientôt dans les vibrations de la lumière dorée. Mes chasses et mes collections n'ont jamais attesté le moindre intérêt pour les sciences. Les chenilles et les noms des papillons, qu'on appelait dans cette région les « oiselets de l'été » étaient pour moi sans importance et j'avais donné à beaucoup d'entre eux des noms de mon invention. J'avais dénommé « trembleuses » une variété de mouches rougeâtres et baptisé « diables de la forêt » toute la population des piérides, et, pour d'autres papillons de moindre beauté et rareté, j'avais trouvé le nom générique et méprisant de « tolpatch ». Je n'ai guère pris soin des insectes morts que j'avais collectionnés et je ne les ai jamais rangés comme un collectionneur attentif doit le faire.

Ces étés de flânerie dans les prés ne m'ont laissé aucune impression musicale, à l'exception du sifflet lointain des locomotives auquel j'étais extraordinairement sensible et qui me remplissait de crainte.

Cependant je dois avoir eu, déjà en ce temps-là, des contacts avec la musique, car les premières images imprécises et crépusculaires de la cathédrale qui se reflétèrent en moi me semblent inséparables de la sonorité des orgues.

Je me suis, en somme, familiarisé plus tard et plus lentement avec la cathédrale et la ville que je ne l'avais fait avec la verte nature. Car si, tout au long de ces demi-journées, je pouvais me déplacer seul où bon me semblait dans cette prairie, mes parents ne m'auraient pas permis d'aller jusqu'en ville, où d'ailleurs le trafic inhabituel des gens et des voitures m'effrayait et me rebutait.

Bien que ces mois passés dans la prairie demeurent au fond de ma conscience comme un beau rêve ininterrompu, toujours lumineux, certaines journées isolées, au contour imprécis, mais d'un éclat particulier, s'en détachent cependant. Je donnerais des trésors pour être capable de me rappeler plus de choses à propos de ces journées-là. Chaque fois que mes pensées remontent le cours de mon existence, je me sens envahi par une tristesse douce en songeant aux innombrables moments dont j'ai perdu le souvenir. Il n'y a plus personne qui puisse me parler de moi et la plus grande partie de mes années d'enfance repose, hors d'atteinte, dans l'insaisissable félicité de l'âge d'or, comme une chose merveilleuse dont je garde la nostalgie. Il faut ranger parmi les imperfections et les carences de la vie humaine le fait que notre enfance doive nous devenir étrangère et tomber dans l'oubli comme un trésor qu'on laisse échapper en jouant, qui passe par-dessus la margelle d'un puits et disparaît dans l'eau profonde. J'arrive à suivre le fil de mon existence jusqu'à l'époque où j'étais un jeune garçon, mais en deçà n'émergent, éparses au milieu des effluves crépusculaires, que peu de journées assez distinctes pour que je puisse y rattacher ce fil. Quand je me ressouviens de ces jours-là, il me semble souvent que, du haut d'une tour, je plonge mon regard en arrière sur mes premières années et que je ne vois rien d'autre qu'une mer houleuse où remuent des choses énigmatiques, à peine ébauchées, informes et cependant pénétrées d'un parfum sacré venu d'ailleurs, miraculeux trésors qu'un voile a recouverts.

Parmi ces instants isolés et fulgurants, une promenade m'est particulièrement chère, car j'y retrouve la première image de mon père que j'aie conservée en moi. Il était assis sur le muret chauffé par le soleil qui entoure la petite église de montagne de Sainte-Marguerite, et pour la première fois, il me montrait la vue qu'on avait de là-haut sur la plaine du Rhin. La première impression que m'a faite ce riant paysage d'un vert lumineux s'est mêlée dans mon souvenir à l'image précise que je m'en suis faite plus tard, après être retourné de nombreuses fois à cet endroit. Cependant, cette très ancienne image de mon père se distingue de toutes celles que j'ai conservées de lui par la suite. Sa barbe noire effleurait mes cheveux blonds et le regard de ses grands yeux clairs reposait affectueusement sur moi. Quand je pense à cette halte sur le muret, je crois revoir son visage qui m'apparaissait de profil, sa barbe et ses cheveux noirs qui formaient des boucles sur la nuque, son grand nez aristocratique, sa bouche bien dessinée, aux lèvres rouges, son grand œil qui me regardait d'en haut et sa tête qui se profilait tout entière, avec noblesse et vigueur, sur le fond azuré du ciel estival.

Une autre image, qui doit dater du même été, toutefois sans rapports avec la précédente, s'est gravée en moi d'une manière étonnamment précise et fidèle. Je vois la très haute et maigre silhouette de mon père, debout, la tête tournée de côté à cause du soleil couchant qu'il a en face de lui, son chapeau de feutre dans la main gauche. Ma mère, plus petite et plus vigoureuse, un châle blanc sur les épaules, chemine lentement à ses côtés, en s'appuyant sur lui. Entre leurs deux têtes rapprochées dans l'ombre du contre-jour flamboie un soleil rouge sang. Les contours de ces deux silhouettes sont fermement tracés et se détachent sur un fond d'or éclatant : de chaque côté se déploie une vaste étendue de blé mûr. Je ne sais plus quel était le jour exact où je déambulais ainsi derrière mes parents, mais ce spectacle s'est conservé intact et ineffaçable dans ma mémoire. Je ne connais aucun tableau vivant ou peint dont les lignes et les couleurs soient à mes yeux plus magnifiques et qui me soit plus cher que celui de ce couple formé par ces deux nobles figures s'avançant en silence sur le sentier entre deux rangées d'épis, face à l'incandescence rougeoyante du soleil et baignées dans la splendeur qui rayonnait devant elles. Au cours d'innombrables rêves et nuits sans sommeil j'ai caressé du regard ce joyau du souvenir que je chéris entre tous et que m'a légué l'une des heures les plus précieuses de ma vie. Depuis lors, je n'ai jamais vu descendre derrière l'océan des épis un soleil aussi intense, aussi apaisant, aussi magnifique et si débordant d'ardeur et de plénitude. Et si la chose venait à se reproduire, ce ne serait qu'un soir comme un autre, car il me manquerait les êtres dans l'ombre desquels je cheminais autrefois et je n'aurais plus qu'à détourner mes regards et à m'abandonner à la tristesse.

À partir de là, les souvenirs que j'ai de mon père et de ma mère commencent à se clarifier. Indépendamment de mes heures de solitude dans la prairie, je menais avec plaisir une vie domestique entourée d'affection. À cause du nombre de personnes que je voyais à la maison et de l'animation qui y régnait, le souvenir que j'ai gardé de cette vie domestique n'a pas l'unité ni la clarté de l'existence que je menais parmi les herbes. Il m'est impossible de déterminer à quel moment le goût de mon père pour les arts plastiques et la poésie et celui de ma mère pour la musique ont exercé sur moi leur influence, car des impressions de ce genre ne se rapportent dans ma mémoire qu'à une période un peu plus tardive, mais elles ont dû certainement être présentes beaucoup plus tôt déjà.

Je ne veux pas me risquer à parler longuement de mes jeux d'enfant. Rien n'est plus merveilleux et plus incompréhensible, rien non plus ne nous devient plus étranger et n'est plus éphémère que le comportement de l'enfant qui s'amuse. Grâce à l'aisance relative et à l'extrême générosité de mes parents, je disposais d'une grande abondance de jouets. Je possédais des soldats de plomb, des livres d'images, des jeux de construction, un cheval à balançoire, un sifflet, un fouet et des voitures, plus tard également une épicerie, une balance, des pièces de monnaie, des provisions et, pour jouer au théâtre, j'avais les armoires de ma mère à ma disposition. Néanmoins, ma fantaisie recourait volontiers à des objets moins commodes et se fabriquait un cheval avec des tabourets, des maisons avec des tables, des oiseaux avec des morceaux d'étoffe et aménageait d'effroyables cavernes en s'aidant d'une paroi, d'un écran de poêle et d'une couverture de lit.

D'autre part, les récits de ma mère jetaient d'innombrables ponts entre la réalité et ma rêverie et lui ouvraient des mondes variés. J'ai entendu des lecteurs, conteurs et causeurs mondialement réputés et je les ai trouvés empesés et dénués de goût aussitôt que je comparais leurs histoires avec celles de ma mère. Ô lumineux récits de la vie de Jésus dont les épisodes se détachaient sur un fond d'or, ô Bethléem, ô présentation au Temple, ô pèlerinage d'Emmaüs ! Rien ne représente sous des traits plus doux et plus sacrés le monde prodigieusement riche de la vie enfantine que l'image de la mère racontant une histoire à l'enfant blond qui la regarde de ses yeux profondément étonnés en se serrant contre elle. D'où les mères tiennent-elles donc cet art souverain et enjoué, cette âme d'artiste, cette intarissable source d'enchantement qui coule de leurs lèvres ? Je te vois encore, mère, svelte, gracieuse et patiente, je vois ton beau visage penché vers moi, l'incomparable regard de tes yeux bruns posé sur moi !

À côté des récits de la Bible dont la résonance et la signification me demeuraient inaccessibles, je me suis largement abreuvé à la source des contes. Le petit chaperon rouge, le fidèle Johannes, Blanche-Neige chez les sept nains des sept montagnes m'ont retenu captif dans le cercle de leurs bavardages enfantins. Mon imagination avide inventa bientôt, de son propre cru, des paysages de montagnes avec des prairies où des elfes dansaient à la clarté de la lune, des palais avec des reines vêtues de soie, des cavernes d'une profondeur et d'une horreur fabuleuses, habitées par une inquiétante population composée tour à tour d'esprits, d'ermites, de charbonniers et de voleurs. Dans la chambre à coucher, un étroit espace entre deux lits était tout désigné pour servir d'habitation permanente à des kobolds aux yeux bridés, à des mineurs couverts de suie, à des revenants décapités, à des meurtriers somnambules et à des fauves aux yeux verts et torves, de sorte que, pendant un certain temps, je n'osai passer près de cet endroit sans être accompagné par une grande personne et que, longtemps encore, il me fallut rassembler toutes les forces de mon orgueil juvénile pour franchir ce mauvais pas. Un jour, mon père m'ordonna d'aller lui chercher ses pantoufles qu'il avait justement déposées là. J'entrai dans la chambre à coucher mais n'osai pas m'aventurer jusqu'au lieu des épouvantes et je revins tout penaud, prétextant que je n'avais pas trouvé lesdites pantoufles. Soupçonnant quelque phantasme et par ailleurs ennemi déclaré du mensonge officieux, mon père me renvoya au même endroit. Cependant ma peur n'en fut que plus grande lorsque je rentrai dans la chambre, de sorte qu'une nouvelle fois je m'en retournai bredouille et présentai la même excuse. Mon père, qui m'avait observé par la porte entrouverte, me dit gravement : « Tu mens. Elles doivent être là. » Et, sans attendre davantage, il alla les chercher lui-même. Cependant, mon état d'oppression s'était tellement aggravé que même ce personnage tout-puissant qu'était mon père ne me paraissait pas à l'abri de mes démons et je m'accrochai à lui en hurlant, le conjurai, en versant des torrents de larmes, de ne pas s'approcher de ce coin. Il y alla tout de même, me força à l'y accompagner, se baissa et ressortit indemne de l'effroyable tanière, ce que j'attribuai longtemps, avec force actions de grâce, à son seul courage qui me paraissait extraordinaire, ainsi qu'à une exceptionnelle protection du bon Dieu.

Une autre fois, mon sentiment d'angoisse prit les proportions d'une véritable maladie. L'événement s'est gravé en moi d'une façon si aiguë et si précise que j'en retrouve tous les détails pénibles et qu'il m'apparaît comme une tête de Méduse, à la fois belle et effrayante, mais plus effrayante que belle, suspendue au-dessus de toutes ces années de mon enfance romantique.

Un soir au crépuscule, les deux filles d'un voisin, qui pouvaient avoir quatorze ans, leur petit frère et moi nous revenions de la ville, légèrement apeurés ; les hautes maisons et les tours projetaient sur la rue leurs ombres découpées et on commençait à allumer les réverbères. Là-dessus, il arriva qu'en passant, nous jetâmes un coup d'œil à l'intérieur d'une forge où deux hommes à moitié nus et couverts de suie se tenaient devant un foyer qui étincelait dans les ténèbres en maniant de grosses pinces comme des tortionnaires, tandis qu'au même instant, les braillements de quelques piliers de cabaret, chose nouvelle pour moi, me frappèrent comme des cris de bêtes féroces ou d'homme qu'on assassine. La nuit était presque tombée et l'une des jeunes filles se mit à raconter en frissonnant elle-même l'histoire de la cloche Barbara. Cette cloche se trouvait dans l'église Sainte-Barbara qu'elle avait quittée à la faveur d'un envoûtement et d'un crime. Comme elle faisait résonner continuellement, d'une voix vengeresse, le nom d'une certaine Barbara sauvagement assassinée, le meurtrier l'avait volée et enfouie sous la terre. Là, quand arrivait le moment de frapper les heures pendant la nuit, la cloche commençait à sonner sous la terre et à se lamenter bruyamment :

Barbara suis nommée
À Barbara suis accrochée
Dans Barbara je suis née.

Contée à voix basse, cette histoire me troubla violemment. Ma terreur était d'autant plus forte que j'essayais de la cacher, car notre petit compagnon n'avait rien compris et allait son chemin tout tranquillement aux approches de la nuit ; d'autre part, j'aurais eu honte de trahir mon émoi devant les deux jeunes filles bien qu'elles fussent effrayées, elles aussi, et ne parlassent plus qu'en chuchotant. À chaque mot de cette histoire, j'avais senti croître mon horreur et j'en étais arrivé à claquer littéralement des dents. Mais lorsqu'aux dernières paroles de la narratrice, la cloche de Saint-Pierre se mit à frapper ses coups hésitants, la panique s'empara de moi, je lâchai la main du petit garçon et pris ma course à travers la nuit, traqué par tous les démons de l'enfer, trébuchai, tombai, et fus ramené à la maison haletant et tremblant de tous mes membres. Je tremblai encore pendant toute la nuit, en proie à de douloureuses crises d'angoisse et, pendant quelque temps, je ne pus entendre prononcer le nom de Barbara sans qu'un frisson glacé me pénétrât jusqu'à la moelle. À dater de ce jour-là, je crus de plus en plus aux kobolds, aux vampires et aux esprits malfaisants, car ils m'avaient personnellement harcelé et terrifié comme je ne l'avais jamais été jusqu'alors.

C'est à peu près à cette époque que se firent sentir les premières revendications de mon intelligence et son éveil me tourmenta si fort que cela se traduisit souvent par de furieux accès de rage impuissante et de révolte. C'est encore là un moment de l'enfance qui est, me semble-t-il, par trop oublié de la plupart des gens : la recherche de la vérité, le besoin impérieux de saisir les choses dans leur ensemble, d'en discerner les causes, la nostalgie d'un monde harmonieux et d'une certitude spirituelle. D'innombrables questions sans réponse me tracassaient et je découvris peu à peu que les grandes personnes auxquelles je les posais n'y attachaient aucune importance et que mes problèmes leur étaient incompréhensibles. Toute réponse que je jugeais être un faux-fuyant ou même une plaisanterie effarouchait mon esprit et le renvoyait à l'édifice progressivement ébranlé de ses mythes.

L'existence de bien des personnes gagnerait en sérieux, en probité, en déférence, si elles conservaient en elles, au-delà de leur jeunesse, quelque chose de cet esprit de recherche et de ce besoin de questionner et de définir. Qu'est-ce qu'un arc-en-ciel ? Pourquoi le vent gémit-il ? D'où vient que les fleurs des prés se fanent et que ces prés refleurissent ? D'où viennent la pluie et la neige ? Pourquoi sommes-nous riches alors que notre voisin le ferblantier est pauvre ? Où le soleil s'en va-t-il le soir ?

Souvent, quand ma mère était à bout de patience ou de savoir, mon père répondait à mes questions avec une complaisance et une finesse sans égales. Comme l'éternelle explication : « C'est le bon Dieu qui l'a fait ainsi », ne pouvait plus me satisfaire, il me brossait à grands traits et en artiste un tableau du monde visible, me montrait l'étendue de la terre avec sa végétation et ses animaux, il m'expliquait le mouvement des astres. En même temps, et à côté de la forêt fantastique de mes contes, il faisait apparaître les grandes figures de l'Antiquité, il évoquait les cités grecques et l'ancienne Rome. Les enfants ne sont pas exclusifs et, grâce aux sortilèges de l'imagination, ils sont capables d'admettre et de loger dans leur esprit des choses qui s'opposent chez les adultes et provoquent les plus violentes batailles et les dilemmes les plus cruels. Néanmoins, comme j'avais le goût de l'invention et que le génie créateur de l'enfance inspirait mes jeux, il en résultait pour moi toutes sortes de doutes : le plus lancinant concernait la véracité d'une histoire universelle par l'image, qui était l'un de mes livres préférés et qui, depuis le jour où j'avais eu la joie de le regarder pour la première fois, m'avait accompagné tout au long de mon enfance. Par rapport à mon idée de l'histoire, ce livre a donc joué le rôle inverse de celui que jouaient *Robinson* et *Gulliver* relativement à la réalité historique. Pendant un certain temps, je doutai fort que ces images eussent leurs originaux dans le monde réel et ne fussent pas simplement les amusantes inventions de quelque peintre. En regardant ces illustrations qui représentaient des chevaliers, des édifices ou d'autres sujets historiques, je me souvenais avec une satisfaction amusée d'avoir, moi aussi, dessiné ou fabriqué de grandes églises, des portraits d'Achille ou représenté d'autres objets analogues que j'avais fait passer auprès de mes camarades pour des pièces originales ou de fidèles reproductions. Lorsque mon père vit ce qu'il en était, il ouvrit le livre à l'une des dernières pages où figurait une image qui m'avait échappé jusqu'alors, celle d'une église de notre ville que je reconnus aussitôt à ma grande confusion. Dès lors, tout ce que me disait mon père me parut à nouveau indubitable et concluant, du moins pour quelque temps. Un jeune voisin me confia un jour, d'un air important et mystérieux, que « l'homme sauvage », personnage principal de nos histoires et des aventures imaginaires dont nous échangions les péripéties, habitait non loin de la Porte de Petersgraben dans un grenier à blé, renseignement qu'il tenait de son père lui-même. Ce fut en vain qu'il joua son atout, car mon père m'avait déjà donné à ce sujet une explication meilleure, sinon plus précise. Non seulement la révélation me laissa sceptique et froid, mais, avec une grande satisfaction et un sourire méprisant, je répondis à ce voisin qu'il pouvait retourner chez son père et lui dire qu'il était un idiot. Cette réponse me valut une correction de la part de l'offensé et ensuite de mon père.

J'avais pris l'habitude d'opposer le silence et le défi à ces châtiments que mon cher père m'infligeait de sa propre main, mais, dans mon cœur d'enfant, j'en éprouvais une amertume, un chagrin et une humiliation inexprimables. Ce sont les toutes premières souffrances dont je puisse me souvenir et, dans mes années d'enfance telles que je les vois, les seuls éléments de trouble qui se soient manifestés avant que j'aille à l'école. Les claques et les affrontements restaient en somme sans effet ; l'essentiel de la punition, ce qui la rendait amère, c'était l'obligation où j'étais de m'humilier et de demander pardon, avant de retrouver bon accueil auprès de mes parents et de pouvoir de nouveau leur parler à cœur ouvert. Certes, le châtiment perdait son aiguillon grâce à la réconciliation qui intervenait chaque fois sur un ton grave mais affectueux ; néanmoins, jusqu'à ce que je fusse assez fatigué et assez raisonnable pour dire : « Pardon ! » il m'en coûtait toujours un dur combat et bien des larmes. Je garde encore le souvenir de ce premier soir où, silencieux et apeuré, j'allai au lit sans recevoir le baiser de ma mère et sans être accompagné par elle. Dans toutes les circonstances où, plus tard, j'ai senti les larmes me monter aux yeux, je n'ai peut-être jamais éprouvé avec la même force l'inexprimable sentiment de douleur et de départagement qui avait pesé sur moi pendant cette triste soirée. Ce fut aussi le premier soir où je me sentis incapable de prier. Je ne pus articuler le texte de ma prière et je découvris ainsi pour la première fois le grand sérieux de ces paroles qui me restaient dans la gorge comme si j'allais étouffer. Cette heure si sombre servit du moins à me démontrer une fois pour toutes l'impossibilité qu'il y a à prier sans penser à ce que l'on dit.

Entre-temps, mon intelligence se développait et, s'édifiant sur la base des premières leçons et expériences, elle commençait à exercer avec bonheur une activité tranquillement indépendante. Sans se référer à des modèles, mes jeux adoptèrent les formes plus complexes et plus intelligentes des jeux propres aux garçons. L'alphabet me donna un agréable et rude avant-goût de l'école ; je possédais déjà un petit lot de souvenirs et lorsqu'on fixa la date de mon premier jour d'école, je m'habituai à penser au lendemain et au surlendemain.

Ce peu de chose constitue tout le trésor qui me reste encore des souvenirs concernant les premières années de ma vie. Ou plutôt, ce n'est pas la totalité de ce trésor, car je n'ai pas pu exprimer le meilleur, c'est-à-dire les impressions vécues au cours de printemps traversés comme en rêve, les moments de bonheur où je suivais mon caprice, la douce résurgence des douleurs et des joies enfantines, plus intenses et plus profondes que bien des joies et des souffrances plus grandes, ressenties dans les années de maturité. Je n'ai pas été en mesure de consigner ici les souvenirs de choix que j'avais réunis en un charmant bouquet, ceux de mes promenades en forêt, de mes causeries avec des voisins, des petits chats dont j'observais les jeux et des agneaux que j'avais caressés.

Les derniers temps qui ont précédé mon entrée à l'école me laissent une impression de mélancolie légèrement comique ; mon orgueil juvénile s'affirmait, je franchissais le dangereux passage entre le monde du rêve et celui de la pensée et je voyais se ternir lentement les couleurs de mon imagination et tout cet arrière-fond étincelant sur lequel se détachaient ces premières images. Ma dernière année de liberté se termine dans ma mémoire par une soirée exceptionnelle. C'était peu avant mon entrée à l'école et le jour anniversaire d'une petite sœur, le 27 novembre. À cette occasion, toute la sollicitude et toute l'affection de la famille se concentraient sur cette sœur et je restais seul dans mon coin, le cœur serré, assis près d'une fenêtre que l'ombre envahissait. Dehors il faisait déjà nuit, c'était un soir d'arrière-automne et le ciel clair était tout illustré d'étoiles. Tandis que je pensais à ma prochaine entrée dans la vie réelle, j'avais d'autre part l'impression très vive que j'allais faire mes adieux à beaucoup de choses et, dans un état de demi-conscience, je revenais avec nostalgie à ces jours de liberté et de profonde rêverie que j'avais vécus jusqu'alors. À un certain moment, je crus voir bouger quelque chose parmi les étoiles. Les yeux fixés sur le ciel et sans détourner mon regard de ce point précis, je vis une étoile qui commençait à vibrer curieusement et qui tout à coup s'élança dans les ténèbres où elle s'éteignit sans laisser de traces. Puis une autre, là-bas, et deux encore, ailleurs, et pour finir une quantité d'étoiles se mirent en mouvement. Mon père entra dans la chambre avec les domestiques et nous restâmes assez longtemps dans l'obscurité à contempler en silence le spectacle exceptionnel d'une pluie d'étoiles filantes ; dans l'émotion d'un pareil moment, chacun de nous, comme je le crois, eut la même pensée, à savoir qu'il n'oublierait jamais ces instants où il avait vu, de la chambre obscure, les étoiles glisser à travers le ciel.

La fréquentation de l'école marqua le commencement de ma vie sociale et de mes rapports avec les autres. C'est à ce moment-là que l'existence se transforme en une image du monde vu en petit, que les lois et les mesures de la vie « réelle » entrent en vigueur, à ce moment-là que commencent l'ambition et le désespoir, le conflit intérieur et la conscience de la personne, l'insatisfaction et le départagement, la lutte ouverte et les compromis nécessaires, enfin le déroulement interminable des jours. Et tout d'abord la répartition du temps en journées de travail et journées de congé ! Il faut vivre et travailler d'après un horaire, chaque journée a son poids particulier, sa valeur bien assignée et elle se détache du temps comme une réalité à part, à l'état de fragment. Les mois et les saisons perdent leur profondeur insondable, la vie n'existe plus dans sa plénitude ; les fêtes, les dimanches, les anniversaires ne se présentent plus à nous comme des surprises, leur date et leur retour ont la même fixité que les chiffres des heures sur le cadran d'une montre et nous savons combien de temps il faudra à l'aiguille pour les atteindre.

Mon père eut souhaité m'instruire lui-même, cependant son projet ne résista pas à la pression de l'usage établi et aux conseils de tous nos amis et parents. Je fus placé dans une école publique, j'eus plusieurs maîtres qui changeaient chaque année et je pâtis de tous les inconvénients particuliers à ce genre d'établissement. L'école et la famille étaient deux choses rigoureusement distinctes ; j'obéissais ainsi à deux chefs principaux dont l'un devait compter avec mon affection et l'autre avec ma peur. Le premier désavantage fut qu'habitué par un instituteur sévère à de fréquentes corrections et retenues, je considérai bientôt les punitions paternelles sous un autre jour qu'auparavant, de sorte que les châtiments domestiques perdirent toute valeur à mes yeux et que, pour mon père, cette façon très simple de régler les cas d'infraction morale devint peu à peu impraticable. Il en résulta pour lui des soucis et des peines sans nombre et, pour moi, toutes sortes de misères, car les amendements et les pardons rencontraient chaque fois de nouvelles difficultés et demandaient beaucoup de temps. Dans ces moments critiques, je cédais parfois au désespoir, j'étais malade d'inquiétude et de rage, livré à tous les tourments de la détresse, de la honte, de la colère et de l'orgueil. Maltraité à l'école, accablé à la maison et réduit au silence par quelque méfait dont j'étais l'auteur, j'allais souvent me jeter à terre dans la grande prairie où je luttais en sanglotant contre une force supérieure, inconnue et cruelle. Ces déjeuners pendant lesquels aucune conversation n'étant possible, je songeais au moment fatal et tout proche où il me faudrait retourner à l'école, tandis que les visages de mes parents, de mes jeunes frères et sœurs et même des domestiques laissaient voir clairement qu'une réprimande paternelle était dans l'air, ces promenades silencieuses et maussades avec mon père, lorsque, par vergogne et par défi, je me retenais de demander pardon ou simplement de m'expliquer comme il s'y attendait, tout cela pèse encore durement sur ma mémoire et me semble toujours aussi rebutant.

Comme mon instabilité, mes passions réprimées et ma force vitale avaient besoin d'espace, je m'adonnai, avec toute la fougue de mon tempérament, aux jeux de mon âge qui m'étaient restés étrangers jusqu'alors. Je surpassai bientôt tous mes camarades par mes talents de gymnaste, de général, de capitaine de voleurs ou de chef indien et je me déchaînais surtout quand l'atmosphère était orageuse à la maison. Mes parents, et en particulier ma mère, si soucieuse à mon sujet, me voyaient avec tristesse acquérir la réputation d'un chenapan et d'un provocateur, alors que la plupart du temps je filais doux en leur présence et rôdais ici et là sans piper un mot.

Au cours de ma troisième année d'école, j'avais brisé, en lançant un caillou, le carreau de la fenêtre d'un pauvre artisan qui habitait notre rue. L'homme s'était précipité chez mon père, lui avait raconté le mauvais coup que j'avais prémédité, croyait-il, et il avait ajouté qu'à part cela j'étais un vaurien, un véritable tyran des rues. Lorsque, le soir même, mon père me rapporta ces propos et qu'il voulut me faire avouer, je fus pris d'une telle colère contre l'accusateur que je niai obstinément avoir cassé ce carreau bien que le dommage fût manifeste. La punition fut d'une sévérité exceptionnelle, mais je crus qu'en aucun cas je ne devais laisser fléchir mon entêtement. Pendant quelques jours, j'observai une attitude farouche et hostile, tandis que mon père gardait le silence et qu'une ombre s'étendait sur toute la maisonnée. Je me sentis, ces jours-là, plus malheureux que je ne l'avais jamais été auparavant. Puis mon père dut partir en voyage pour une semaine. Lorsque je revins de l'école, le jour de son départ, il n'était déjà plus là et il avait laissé une petite lettre pour moi. Après le repas, je montai au grenier et ouvris l'enveloppe. Une belle image en tomba ainsi qu'un billet de la main de mon père :

> « *Je t'ai puni pour une faute que tu n'as pas reconnue. Si tu l'as tout de même commise et que tu m'aies donc menti, comment pourrai-je encore t'adresser la parole ? S'il n'en est pas ainsi, alors je t'aurai injustement corrigé. À mon retour, dans une semaine, il faudrait pourtant que l'un de nous deux puisse pardonner à l'autre.*
>
> *Ton père.* »

Nerveux et oppressé, j'errai toute la journée avec ce billet à travers la maison et le jardin. Ce mot d'homme à homme m'inspirait de la fierté et du remords ; j'étais touché au vif, ce qu'aucune autre parole n'aurait pu faire. Le lendemain matin j'allai trouver ma mère qui était encore au lit, je lui montrai le billet, pleurai et ne trouvai rien à dire. Puis je parcourus la maison comme si je rentrais après une longue absence, tout m'apparaissait à la fois ancien et nouveau, les choses m'étaient restituées, l'interdit était levé. Pour la première fois depuis longtemps, je m'assis, le soir, aux pieds de ma mère et je l'écoutai me raconter des histoires comme au temps de ma petite enfance. Les paroles qui sortaient de ses lèvres étaient douces et maternelles, mais ce qu'elle racontait n'avait rien d'un conte de fées. Elle évoqua cette période pendant laquelle j'étais devenu progressivement un étranger pour elle, elle me dit comment son affection et son inquiétude m'avaient accompagné partout; chacune de ses paroles me remplissait de confusion et de joie; ensuite nous en vînmes à parler de mon père en des termes chaleureux qui exprimaient notre respect pour lui et ce fut avec une joyeuse impatience que nous attendîmes son retour.

Le jour où il revint à la maison était précisément le dernier avant mes vacances d'été, ce qui mit le comble à mon bonheur. Après un bref entretien, mon père sortit avec moi de son cabinet de travail et me conduisit chez ma mère à laquelle il déclara :

— Et revoilà notre polisson, maman. Depuis aujourd'hui, il est de nouveau à moi.

— Pour moi, c'est déjà fait depuis une semaine, s'exclama-t-elle en souriant, et nous nous mîmes gaiement à table. La période de vacances qui commençait ce jour-là se détache sur la monotonie de mes années d'école comme une sorte de jardin verdoyant et sans clôture. Des journées pleines de soleil, des soirées consacrées au jeu et à la causerie, des nuits de sommeil profond, grâce à une conscience sans reproches ! Chaque soir, mon père et moi allions nous promener jusqu'à une carrière située à une demi-heure de la ville ; là, nous construisions des maisons et creusions des cavernes, nous jetions des cailloux en visant un but et nous utilisions un marteau pour découvrir des fossiles. Sur le chemin du retour, nous allions boire du lait et manger du pain dans une métairie, renonçant héroïquement au souper préparé par ma mère dont nous excitions la curiosité par toutes sortes de mystères, non sans nous vanter de chacun de nos exploits et de chacune de nos trouvailles, morceaux de craie rouge ou mica scintillant. Mon père révéla des qualités d'éclaireur, de chasseur, de tireur à la cible et donna mille preuves de son ingéniosité. Pendant des demi-journées nous parcourions des prairies et des versants montagneux couverts de forêts où nous nous reposions aussi, sans autre compagnie que la nôtre, une miche de pain dans la musette, occupés à découvrir des sentiers, à collectionner des plantes et je soupçonnais un peu mon père de rechercher sa propre jeunesse ; il était heureux de respirer l'air frais à pleine poitrine et de sentir son visage se colorer à nouveau, car il était de santé délicate et souffrait de fréquentes migraines ainsi que d'autres malaises. En ce temps-là, nous partions à l'aventure comme deux camarades, nous passions notre temps à tailler des lances, à propulser des cerfs-volants, à piocher au jardin, à fabriquer dans la cour toutes sortes d'ustensiles et de caisses.

C'est à peu près à cette époque que mon sens musical commença à s'éveiller et mon imagination à s'intéresser à des mélodies. Dans mes heures de liberté, j'aimais aller à la cathédrale, me glisser par le portail et écouter l'organiste qui se livrait là, pendant des heures, aux joies de son art. J'avais l'habitude de fredonner et de chanter sur le chemin de l'école, au jardin et même dans mon lit et, de bonne heure, j'ai retenu dans ma mémoire nombre de chorals et de lieds.

Lorsque j'eus neuf ans, mes parents me firent cadeau d'un violon pour mon anniversaire. À partir de ce jour-là et pendant plusieurs années, ce petit instrument brun clair m'accompagna dans tous mes déplacements, j'eus désormais une bonne occasion de me tenir à l'écart, j'avais trouvé une patrie spirituelle, un refuge où j'ai connu depuis lors d'innombrables moments d'exaltation, de joie et de chagrin.

Mon professeur de violon était content de moi. J'avais de l'oreille et une mémoire scrupuleusement fidèle ; au cours des années, j'acquis peu à peu les qualités propres à un bon violoniste : la fermeté et la sûreté du bras, un poignet délié, des doigts solides et assidus.

Par malheur, la musique eut d'abord et contre toute attente une conséquence fâcheuse, car elle me captiva presque totalement et me dégoûta du travail scolaire. En revanche, elle détourna mon ambition et ma fougue juvénile des jeux et des frasques plus grossiers, elle modéra mon emportement et ma passion, elle me rendit silencieux et supportable. Je n'ai pas du tout reçu une formation de violoniste, car mon professeur était un dilettante et son enseignement, qui était pour moi un vrai plaisir, visait moins à la maîtrise des difficultés par des exercices et une précision austères qu'à permettre de jouer convenablement quelque chose et sans trop attendre. Le premier choral que ayons exécuté pour l'anniversaire de ma mère fut un événement solennel. Et ensuite vinrent la première gavotte, la première sonate de Haydn ! Personnellement, j'étais plein de joie et de vanité, mais grâce à mon intuition naturelle, je découvris peu à peu ce qui me manquait, de sorte que je sus me garder d'une certaine imprécision dans le coup d'archet ainsi que des dangereuses fantaisies de l'amateur inspiré.

À côté de la musique, il y avait l'école où, jusqu'à ma quatorzième année, je respirai l'atmosphère étouffante d'un établissement pénitentiaire. Je ne peux déterminer dans quelle mesure le système d'éducation en vigueur est responsable de mes souffrances et de mon amertume, indépendamment de mes propres défauts. Une chose est sûre, c'est que pendant les huit années que j'ai passées dans les écoles du premier degré, je ne trouvai qu'un seul instituteur pour qui je pus éprouver de l'attachement et auquel je puisse garder de la reconnaissance. Celui qui connaît tant soit peu l'âme enfantine et qui conserve lui-même un reste de sensibilité, celui-là sait bien ce qu'un écolier peut avoir à souffrir et il frémit encore de honte et de colère au souvenir des grossièretés habituelles à beaucoup d'instituteurs, de leurs tracasseries, de leur insistance à mettre le doigt sur la plaie, de leurs cruelles punitions, de leurs impudences sans nombre. Je ne parle pas de leur zèle à appliquer la férule, car il n'y a pas de jeune garçon qui n'ait besoin d'une correction ; je pense aux traitements sacrilèges infligés à la bonne foi de l'enfant et à son sentiment de la justice, aux réponses brutales à de timides questions, à l'indifférence pour les manifestations de l'instinct qui pousse l'enfant à réunir en un tout les connaissances qu'il a acquises d'une manière fragmentaire, aux sarcasmes qui tiennent lieu de réponses à l'expression naïve d'une croyance enfantine. Je sais bien que je ne suis pas le seul à avoir souffert de tout cela et mon indignation, la tristesse où me plongeaient la dévastation et le dépérissement partiels de mon âme d'enfant ne sont pas la réaction pleine d'amertume d'un individu spécialement nerveux, car j'ai entendu beaucoup de personnes formuler les mêmes plaintes. Je sais qu'il faut tenir compte du comportement particulier des garçons à ce moment difficile de leur existence où interviennent les ruptures, les restrictions et les mues, moment fertile en agitations et en excès souvent peu compréhensibles ; néanmoins, je ne puis m'abstenir de m'affliger et de dénoncer certaines choses. Toute ma vie, j'ai conservé une vive prédilection pour les petits écoliers et j'ai souvent retrouvé sur leur visage rougissant l'expression de mes angoisses d'autrefois. Je répugne à évoquer quelques-uns de ces souvenirs amers et j'éprouve un sentiment de perplexité et d'oppression quand ma mémoire s'aventure, incertaine dans cette période intermédiaire entre l'enfance qui disparaît et la jeunesse qui s'éveille.

Je retrouve, éclairés et transfigurés par l'affection et le respect, les enseignements dont j'ai bénéficié grâce à mon père et qu'il me donnait lorsque nous nous trouvions au jardin, dans les champs ou dans son cabinet de travail. Ils m'ont ouvert la porte de ces royaumes apparentés que sont l'histoire et la poésie. L'histoire grecque déployait la suite de ses rois et de ses martyrs, de ses campagnes militaires et de ses splendides cités ; l'histoire romaine défilait avec ses vainqueurs couronnés de gloire, les continents qu'ils avaient subjugués, leurs fabuleux triomphes célèbres avec une magnificence et dans une exaltation en comparaison desquelles les chasses et les incursions sanguinaires des anciens Germains n'éveillèrent longtemps chez moi qu'un médiocre intérêt.

Bien que je n'aie jamais été le favori d'aucun professeur, j'avais coutume de figurer parmi les premiers de ma classe et d'obtenir de bonnes notes, tout spécialement dans l'étude du latin. J'avais de la facilité pour cette langue et je l'étudiais avec zèle, de sorte qu'elle m'est restée familière et d'un usage courant aussi bien pendant mes années d'études que tout au long de ma vie.

En conséquence, on me jugea digne de préparer mon admission dans une école supérieure de la Souabe. L'examen ne se passa pas trop mal. Ainsi se terminait la première période de ma vie scolaire ; j'avais encore un mois de vacances, cet été-là, avant d'atteindre le but auquel tendait mon ambition : franchir le seuil de ce docte monastère.

Au cours de ces vacances d'été, mon père me lut à haute voix, pour la première fois, des lieds de Goethe. *Partout sur les cimes* était son poème préféré.

Par une soirée que la nouvelle lune inondait d'une lumière argentée, il se trouvait avec moi sur la crête d'une montagne couverte de forêt. La montée nous avait essoufflés et, après une conversation à la fois grave et amicale, nous restions silencieux devant la beauté et le calme du paysage éclairé par la lune.

Mon père s'assit sur une pierre, jeta un regard autour de lui, posa son bras sur mes épaules et récita solennellement et à voix basse ce fameux lied, d'une admirable et profonde résonance :

Partout sur les cimes
Règne la paix.
Sur les hauteurs,
À peine un souffle.
Dans le bois
Se taisent les oiselets,
Attends un peu, bientôt
Tu reposeras aussi.

Depuis lors, j'ai lu et récité ces vers des centaines de fois, dans les situations et les états d'âme les plus divers – dans le bois se taisent les oiselets – et chaque fois je me suis senti pénétré d'une douce mélancolie libératrice, chaque fois j'inclinais la tête avec un sentiment de bonheur étrangement douloureux, comme si les mots sortaient de la bouche même de mon père, comme si je voyais encore son beau front serein penché sur moi, comme si je sentais son bras autour de mes épaules et l'entendais me parler à voix basse.

II

Au loin, la forêt aux teintes rousses s'est revêtue depuis quelques jours d'un léger voile de fraîche verdure ; j'ai trouvé aujourd'hui la première primevère à demi ouverte sur le sentier de Letten ; les tendres nuages d'avril rêvent dans un ciel pur et mouillé, tandis que les vastes champs que l'on vient de labourer, bruns et luisants, s'offrent avec ardeur à la tiède haleine du printemps, comme s'ils étaient impatients de donner la vie, de produire, comme s'ils voulaient mettre à l'épreuve, ressentir et répandre au loin leurs énergies silencieuses en s'efforçant de faire croître des milliers de germes et de brins d'herbe. Toute chose est en attente et se prépare, tout rêve et bourgeonne dans une tendre et ardente fièvre d'exister – le germe se tourne vers le soleil, les champs vont à la rencontre des nuages, l'herbe nouvelle frémit aux souffles printaniers. À cette saison et d'année en année, je me mets à l'affût, guettant avec impatience le miracle du renouveau comme s'il devait m'être révélé à un moment précis, comme si j'allais pouvoir une fois, l'espace d'une heure, regarder, comprendre et vivre dans sa totalité le jaillissement de la force et de la beauté, le surgissement joyeux de la vie hors de la terre, lorsqu'elle ouvre tout grands ses yeux neufs à la lumière. Et d'année en année je perçois, je sens le miracle s'opérer devant moi, miracle aimé entre tous – mais toujours incompréhensible ; brusquement il est là et je ne l'ai pas vu venir, je n'ai pas vu se fendre l'enveloppe du germe, je n'ai pas vu la première source frissonner dans la lumière. D'un jour à l'autre, il y a des fleurs partout, les arbres se couvrent d'un feuillage brillant ou d'un léger duvet argenté, tandis que les oiseaux jubilants s'élancent en décrivant d'immenses courbes dans la tiédeur bleue du firmament. Le prodige s'accomplit même si je ne l'ai pas vu se faire, les cimes des forêts s'arrondissent, les sommets retentissent d'échos lointains et voici déjà le moment de s'équiper d'une paire de bottes, d'une musette, d'une canne à pêche, de tout ce qu'il faut pour canoter et jouir sans réserve de ce printemps qui chaque fois est plus beau que jamais et dont le rythme est chaque fois plus rapide. Comme le printemps me paraissait long, interminablement long, autrefois, lorsque j'étais enfant !

Si le moment est propice et si le cœur m'en dit, je m'étends longuement dans l'herbe humide, ou bien je grimpe au premier grand arbre que je trouve sur mon chemin, je me balance dans ses branchages, je respire l'odeur des bourgeons et de la résine fraîche ; le fouillis des ramures, mélange de vert et de bleu, s'entrecroise au-dessus de ma tête et, tout en rêvant, je pénètre, comme un hôte silencieux, dans le jardin béni de mon enfance. C'est une chose délicieuse et rarement réussie que de se laisser glisser jusque-là, de respirer l'air pur et matinal de sa prime jeunesse, de contempler une fois encore, pour un instant, l'univers tel qu'il sortit des mains du Créateur et tel que nous l'avons tous vu quand le miracle de la force et de la beauté se déployait à l'intérieur de nous-mêmes.

Alors les arbres s'élançaient avec une joyeuse obstination à l'assaut des nuages, le narcisse et la jacinthe s'épanouissaient au jardin dans tout leur éclat ; les grandes personnes, que nous connaissions encore si peu, nous parlaient avec douceur et bienveillance, car elles percevaient encore sur nos fronts lisses et purs ce souffle divin dont nous ne savions rien et dont nous avons perdu la trace, sans le vouloir et sans nous en rendre compte, pendant les années tumultueuses de la croissance. Quand je pense au garnement sauvage et indomptable que je fus, aux soucis que j'ai causés à mon père depuis ma petite enfance, à l'angoisse et aux soupirs de ma mère ! Et pourtant la splendeur divine marquait aussi mon front, ce que je regardais était beau et vivant, et, bien qu'ils n'eussent rien à voir avec la religion, des anges, des prodiges, des contes de fées allaient et venaient fraternellement à travers mes rêves et mes pensées.

Un souvenir d'enfance, lié pour moi à l'odeur des champs fraîchement labourés et à la verdure naissante des bois, me revient chaque printemps à la mémoire et me force à revivre pour quelques heures cette époque presque insaisissable et à demi oubliée de ma vie. Une fois de plus, ce souvenir se présente à mon esprit, et je veux essayer de l'évoquer, pour autant que cela soit possible.

J'étais étendu à moitié endormi dans notre chambre à coucher dont les volets étaient fermés et j'entendais à côté de moi la respiration égale de mon petit frère ; une fois de plus, je m'étonnais, en fermant les yeux, de voir des couleurs au lieu d'un noir profond, des cercles violet et rouge foncé légèrement troubles qui s'élargissaient toujours davantage pour aller se fondre dans les ténèbres, puis renaissaient continuellement de ces ténèbres, chacun de ces anneaux cerclé lui-même d'un mince ruban jaune. Je prêtais aussi l'oreille aux coups de vent tièdes et mous qui descendaient de la montagne, remuant le feuillage des grands peupliers et faisant parfois gémir la charpente du toit. Une fois de plus, je trouvai injuste qu'on ne permît pas aux enfants de veiller ni de sortir la nuit, pas même de regarder par la fenêtre et je songeai au soir où ma mère avait oublié de fermer les volets.

Je m'étais réveillé au milieu de la nuit, je m'étais levé sans faire de bruit, puis j'étais allé craintivement jusqu'à la fenêtre d'où j'avais vu un paysage étrangement clair ; ce n'était pas du tout le noir et l'obscurité funèbre que j'avais imaginés. Tout était morne, triste, comme estompé, de gros nuages couvraient toute la surface du ciel et les montagnes d'un noir bleuté semblaient se serrer les unes contre les autres comme si elles craignaient quelque chose et s'efforçaient d'échapper à un malheur imminent. Les peupliers dormaient, uniformément ternes, comme des choses mortes ou éteintes, mais dans la cour, le banc et le bassin de la fontaine étaient toujours là, ainsi que le jeune marronnier, un peu flou et languissant, lui aussi. Je ne savais plus si je n'étais resté qu'un court instant ou si j'avais passé un long moment assis à la fenêtre, à regarder au loin le paysage métamorphosé qui s'offrait à ma vue ; c'est alors que, dans le voisinage, s'éleva la plainte angoissée d'un animal qui semblait pleurer ; c'était peut-être un chien, une brebis ou un veau qui s'était réveillé et qui clamait sa terreur dans l'obscurité. La peur me saisit également et je m'enfuis dans ma chambre où je me remis au lit sans savoir très bien si je devais pleurer ou non. Toutefois, je m'endormis avant d'avoir pu trancher ce dilemme.

Maintenant, derrière les volets fermés, tout était redevenu énigmatique, comme si les choses se tenaient aux aguets et il eût été tentant, mais bien dangereux, de regarder de nouveau au-dehors. J'imaginai encore une fois les arbres sombres, la lumière indécise, défaillante, la cour muette, les montagnes qui semblaient fuir avec les nuages, les traînées blafardes dans le ciel et la grande route pâle, vaguement éclairée dans la grisaille du lointain. Et voilà qu'un voleur ou un assassin, enveloppé dans un grand manteau noir, se glissait furtivement dans la nuit, ou bien c'était un homme égaré qui courait en tous sens, en proie à l'angoisse de la nuit et traqué par les bêtes. Peut-être un garçon du même âge que moi s'était-il perdu, ou enfui de la maison, ou avait été volé, ou encore n'avait plus de parents, et même s'il avait du courage, il se trouvait à la merci du premier fantôme venu qui pouvait le tuer, ou d'un loup qui l'emporterait. Peut-être les voleurs l'emmenaient-ils dans la forêt, où il devenait à son tour un voleur ; on lui donnait une épée ou un pistolet à double canon et de hautes bottes de cavalier.

De là il n'y avait plus qu'un pas à faire, il suffisait de se laisser aller sans résistance pour se retrouver au pays des songes, pour voir de mes propres yeux et toucher de mes mains les choses qui, l'instant d'avant, n'étaient encore que souvenirs, pensées et fruits de mon imagination.

Je ne m'endormis point cependant, car, à cet instant précis, un mince rai de lumière rouge venant de la chambre de mes parents se coula dans ma direction à travers le trou de la serrure, pénétrant l'obscurité d'un faible soupçon de clarté et dessinant une tache jaune et dentelée sur la porte de l'armoire soudain éclairée d'un vague reflet. Je compris que mon père allait se coucher. Je l'entendis aller et venir à pas feutrés, puis, tout de suite après, je distinguai le timbre assourdi de sa voix grave.

— Les enfants dorment-ils ? l'entendis-je demander.

— Oui, depuis longtemps déjà, dit ma mère, et je me sentis gêné d'être encore éveillé. Ensuite, il y eut un moment de silence, cependant la lumière continuait à briller. Le temps me sembla long et j'étais sur le point de céder au sommeil lorsque ma mère reprit la parole.

— As-tu aussi demandé des nouvelles de Brosi ?

— Je lui ai rendu visite moi-même, dit mon père. J'ai passé ce soir chez lui. Il fait peine à voir.

— Est-ce donc si grave ?

— Très grave ; tu verras, à l'arrivée du printemps, il sera emporté. Il a déjà la mort sur le visage.

— Qu'en penses-tu, dit ma mère, peut-être devrais-je envoyer notre garçon chez lui ? Cela pourrait être une bonne chose.

— Comme tu voudras, répondit mon père, mais ce n'est pas nécessaire. Qu'est-ce qu'un enfant de cet âge peut comprendre à tout cela ?

— Eh bien, bonne nuit.

— Oui, bonne nuit.

La lumière s'éteignit, l'air cessa de vibrer, le plancher et la porte de l'armoire redevinrent obscurs et, en fermant les yeux, je vis de nouveau se succéder et ondoyer les anneaux rouge foncé et violet bordés de jaune.

Mais, tandis que mes parents s'endormaient et que tout était silencieux dans la maison, mon esprit surexcité se mettait à travailler activement au cœur de la nuit. La conversation dont le sens m'avait en partie échappé était tombée dans ma conscience comme un fruit mûr dans l'eau d'un étang, et, à présent, des cercles concentriques couraient à sa surface, se multipliaient rapidement, pressés et angoissants, et me faisaient frissonner sous l'effet d'une curiosité mêlée de terreur.

Ce Brosi, dont mes parents avaient parlé, ne faisait pour ainsi dire plus partie du cercle des physionomies familières qui habitaient ma mémoire et n'était tout au plus qu'un souvenir flou, presque évanoui. Et voilà que celui dont j'avais à peine reconnu le nom surgissait lentement dans mon souvenir où il luttait contre l'oubli pour réapparaître enfin sous la forme d'une image pleine de vie. Tout d'abord, je me souvins seulement qu'autrefois, j'avais souvent entendu ce nom et que je l'avais également prononcé moi-même. Ensuite je songeai à une certaine journée d'automne au cours de laquelle quelqu'un m'avait donné des pommes. Alors, je me rappelai que ce quelqu'un était le père de Brosi, et d'un seul coup, tout me revint en mémoire.

Donc, je revoyais un charmant garçon nommé Brosi ; bien que mon aîné d'une année, il n'était pas plus grand que moi. Depuis environ une année, son père était notre voisin, et Brosi était devenu mon camarade ; cependant, ma mémoire n'a jamais pu remonter jusque-là. Je revoyais très distinctement ce garcon : il portait un bonnet tricoté de laine bleue agrémenté de deux cornes bizarres et il avait toujours des pommes et du pain dans sa poche ; quand on commençait à s'ennuyer, il avait toujours une idée, un jeu tout prêt, une proposition à faire. Il portait, en semaine aussi, un gilet que je lui enviais beaucoup, et bien qu'au début de notre amitié, je ne l'eusse pas cru capable de la moindre force physique, il rossa un jour si magistralement l'apprenti forgeron du village qui s'était moqué de lui à cause de son bonnet à cornes (tricoté par sa mère), qu'ensuite il me fit peur pendant un certain temps. Il possédait un corbeau apprivoisé qui avait mangé, en automne, trop de pommes de terre nouvelles, qui en était mort et que nous avions enterré. Une boîte en carton avait fait office de cercueil, mais elle était trop petite et il n'y avait pas eu moyen d'y ajuster le couvercle ; comme un pasteur, j'avais prononcé une oraison funèbre et Brosi avait commencé à pleurer, ce qui provoqua l'hilarité de mon petit frère ; Brosi lui avait donné un coup, je le lui avais rendu, le petit avait hurlé et nous nous étions séparés en courant chacun de son côté. Plus tard, la mère de Brosi était venue nous voir pour nous dire que tout cela lui avait fait de la peine et que si nous voulions aller chez elle le lendemain après-midi, il y aurait du café et une couronne de pâte levée qui était déjà au four. Et à cette invitation, Brosi avait voulu nous raconter une histoire qu'il recommençait chaque fois qu'il arrivait au milieu du récit, et bien que je n'aie pas retenu le sujet de cette histoire, je ne peux m'empêcher de rire chaque fois que j'y pense.

Mais tout cela n'était qu'un début. Mille souvenirs me revinrent à la fois en mémoire, datant tous de l'été et de l'automne pendant lesquels Brosi avait été mon camarade et je les avais pour ainsi dire oubliés au cours des quelques mois où il n'était plus revenu à la maison. À présent, ils se pressaient de toute part comme des oiseaux en hiver, lorsqu'on leur jette des graines et qu'ils accourent tous à la fois, en nuée compacte.

Je repensais à cette lumineuse journée d'automne pendant laquelle le faucon-crécerelle du charpentier s'était échappé de la remise. L'oiseau aux ailes rognées avait rompu la chaînette de laiton qui le retenait par la patte et avait quitté l'étroite et obscure soupente. Il s'était tranquillement perché sur un pommier en face de la maison ; sur la route, il y avait bien une douzaine de badauds qui le regardaient tout en bavardant et qui proposaient chacun sa solution. Nous avions le cœur étrangement serré, Brosi et moi, tandis qu'avec tout ce monde nous regardions l'oiseau silencieusement posé sur son arbre et qui promenait autour de lui son regard aigu, plein de hardiesse.

— Il ne reviendra pas, s'écria quelqu'un. De son côté, Gottlob, le valet de ferme, assura :

— S'il pouvait encore voler, il y a longtemps qu'il serait déjà par monts et par vaux.

Sans quitter la branche qu'il tenait entre ses serres, le faucon essaya plusieurs fois de déployer ses grandes ailes ; nous étions terriblement émus, et je ne savais pas moi-même ce qui me ferait le plus de plaisir, qu'on le rattrape ou qu'il réussisse à s'échapper.

Finalement, Gottlob appuya une échelle contre l'arbre, le charpentier y monta lui-même et allongea le bras pour s'emparer de son faucon. À ce moment, l'oiseau lâcha la branche sur laquelle il était perché et commença à battre violemment des ailes. Le cœur nous martelait si fort la poitrine que nous pouvions à peine respirer ; ensorcelés, nous regardions fixement le bel oiseau aux ailes palpitantes, puis vint l'instant merveilleux où le faucon, après quelques larges battements d'ailes, comprit qu'il pouvait encore voler : avec lenteur, il s'éleva majestueusement dans le ciel en décrivant de grands cercles jusqu'à ce qu'il devînt aussi petit qu'une alouette des champs et disparût silencieusement dans l'immensité scintillante du ciel. Quant à nous deux, nous étions restés là, la tête levée, longtemps après que les gens furent partis, fouillant encore du regard l'étendue du ciel, et c'est alors que Brosi avait soudain sauté de joie et crié à l'oiseau : « Vole donc, vole seulement, maintenant tu es de nouveau libre ! »

Je me suis aussi rappelé la remise aux charrettes du voisin. C'est là que nous allions nous blottir quand il pleuvait à torrents ; accroupis ensemble dans la demi-obscurité, nous écoutions la chanson et le clapotement de l'averse, nous observions le sol de la cour où se formaient des ruisseaux, des rivières et des lacs qui débordaient, se croisaient, se diversifiaient à l'infini. Une fois, comme nous étions réfugiés là, l'oreille attentive, Brosi se mit à parler : « Dis donc, c'est le déluge qui commence. Qu'allons-nous faire à présent ? Tous les villages sont déjà submergés et l'eau arrive au niveau de la forêt. » Nous imaginions alors toute la catastrophe, guettant ce qui se passait dans la cour, prêtant l'oreille au bruit de la pluie qui tombait à verse et dans lequel nous percevions la lointaine rumeur des vagues et des courants marins. Je proposai de fabriquer avec quatre ou cinq poutres un radeau qui pourrait nous porter tous les deux. Mais Brosi me lança : « Et comme ça ton père et ta mère, ma maman et mon papa, le chat et ton chaton, tu ne les prends pas avec toi ? » Dans l'excitation et le péril du moment je n'y avais pas pensé, il est vrai, et je m'en excusai par un mensonge : « Eh bien, je me suis dit qu'ils avaient déjà tous été engloutis. » Il resta néanmoins pensif et triste, car il se représentait distinctement la scène ; puis il dit : « Maintenant, on va jouer à autre chose. »

Une autre fois, au temps où son pauvre corbeau vivait encore et sautillait partout, nous l'avions pris avec nous dans le pavillon de notre jardin ; il s'était perché sur la poutre transversale et s'était mis à aller et venir là-haut parce qu'il ne pouvait plus en descendre. Je lui avais tendu mon index en disant pour plaisanter : « Tiens, Jacob, mords-le ! » Et il m'avait becqueté le doigt. Il ne m'avait pas fait grand mal, mais je m'étais mis en colère et je voulais le battre pour le punir ; alors Brosi me ceintura solidement de ses deux bras et me tint serré jusqu'à ce que le volatile qui, terrifié, était descendu de son perchoir, se fût sauvé à l'extérieur du pavillon.

— Lâche-moi, criai-je, il m'a mordu ! et une courte lutte s'ensuivit.

— Tu lui as dit toi-même : Jacob, mords ! s'écria Brosi, et il m'expliqua clairement que l'oiseau était dans son droit le plus absolu. J'étais mortifié par ses remarques de maître d'école, je lui dis : « Admettons ! », et je décidai à part moi de me venger une autre fois sur le corbeau. Après cela, alors que Brosi était déjà sorti du jardin et se trouvait à mi-chemin de chez lui, il m'appela et revint sur ses pas. Je l'attendis ; il s'approcha et me déclara :

— Dis donc, mon vieux, tu me promets vraiment de ne plus rien faire à mon Jacob ? Comme je ne lui donnais aucune réponse et que j'avais un air obstiné, il me promit deux grosses pommes ; j'acceptai, après quoi il rentra à la maison.

C'est peu de temps après cette journée que les premières pommes de la Saint-Jacques furent à point dans le jardin de son père ; il me donna donc les deux pommes promises qu'il choisit parmi les plus belles et les plus grosses. Toutefois, je me gênais un peu maintenant, et je ne voulais pas les accepter, mais il me dit : « Prends donc, ce n'est plus à cause de Jacob ; je te les aurais données de toute façon et ton petit frère en aura aussi une pour lui. » Dans ces conditions, je les pris.

Une autre fois, après avoir batifolé tout un après-midi dans les prés, nous étions entrés dans le bois, là où, sous les buissons, le sol est recouvert d'une mousse bien tendre. Nous étions fatigués et nous nous assîmes par terre. Une ou deux mouches bourdonnaient autour d'un champignon et des oiseaux de toute espèce voltigeaient çà et là ; nous en connaissions quelques-uns, mais la plupart d'entre eux nous étaient inconnus ;

nous entendîmes aussi un pic-vert qui frappait ses coups secs avec application et nous nous sentions si bien, nous étions de si joyeuse humeur que nous ne disions presque rien et c'est seulement si l'un de nous deux découvrait quelque chose d'intéressant qu'il l'annonçait aussitôt et le montrait à l'autre. Une douce lumière verte filtrait à travers les ramures qui nous dominaient, tandis qu'au loin l'épaisseur du bois se perdait dans un crépuscule brunâtre plein de mystère et d'inconnu. Ce qui remuait là derrière, bruissement de feuilles, coups frappés par l'oiseau, tout cela venait d'un pays enchanté et fabuleux où les choses sont chargées de secrets et de significations multiples.

Tout échauffé d'avoir couru, Brosi enleva sa veste, puis son gilet et s'étendit tout de son long sur la mousse. Comme il se tournait sur le côté, il arriva que sa chemise s'entrouvrit, laissant son cou à découvert; je fus épouvanté à la vue d'une longue cicatrice rouge qui courait le long de son épaule délicate. Je voulus lui demander tout de suite d'où venait cette cicatrice, et je me réjouissais déjà d'entendre le récit d'un authentique malheur; je ne sais pas pourquoi, tout à coup, je ne pus l'interroger et je fis comme si je n'avais rien vu. Et pourtant, ce Brosi avec sa grande cicatrice me faisait énormément de peine, elle avait dû beaucoup saigner et faire souffrir le pauvre garçon; à partir de ce moment-là, je conçus pour lui une affection bien plus profonde qu'auparavant, mais je n'en pus rien exprimer. Un peu plus tard, nous quittions ensemble la forêt et rentrions à la maison où j'allai dans ma chambre chercher ma plus belle boîte à billes, que le valet de ferme m'avait une fois taillée dans un gros tronc de sureau, et je redescendis pour en faire cadeau à Brosi. Il crut d'abord à une plaisanterie, ne voulut pas la prendre et mit les mains derrière son dos, si bien que, finalement, je dus lui glisser la boîte dans sa poche.

Les unes après les autres, toutes les histoires me revenaient à l'esprit. Par exemple celle de la forêt de sapins, qui se trouvait de l'autre côté du ruisseau et que nous avions traversée une fois avec mon camarade en espérant y voir des chevreuils. Nous avancions sur le sol brun et lisse de la vaste clairière, entre les troncs qui montaient tout droits vers le ciel ; cependant, aussi loin que nous allâmes, nous ne vîmes pas un seul chevreuil. En revanche, nous découvrîmes une quantité de blocs de rocher disposés entre les racines nues des sapins, et à la surface de presque toutes ces pierres croissaient par endroits de minces plaques de mousse brillante, comme de petites marques vertes. Je voulus détacher l'une d'entre elles qui n'était pas beaucoup plus grande que la main, mais Brosi s'empressa de me dire : « Non, laisse-la à sa place. » Je lui demandai pourquoi et il me donna l'explication suivante :

— C'est que, quand un ange traverse la forêt, il laisse les marques de ses pas ; partout où il a posé le pied, une petite plaque de mousse apparaît sur la pierre.

Dès lors, les chevreuils furent oubliés et nous attendîmes de voir si par hasard un ange passerait par là. Nous restions immobiles, aux aguets ; partout dans la forêt régnait un silence de mort, de claires taches de soleil mouchetaient le sol roux, au loin, les troncs dressés côte à côte formaient une sorte d'immense paroi de colonnes rosées, et, tout en haut, on apercevait le ciel bleu derrière les cimes touffues des arbres. Un très léger souffle d'air frais passait et repassait à travers la forêt. Une certaine inquiétude s'insinua en nous et nous éprouvâmes une impression de solennité à cause de la solitude du lieu et du silence qui y régnait, peut-être aussi parce qu'un ange allait bientôt passer par là ; après un moment, nous nous en allâmes tous deux sans dire un mot et d'un pas rapide, repassant devant les rochers et les troncs d'arbres pour enfin sortir de la forêt. Ayant retrouvé la prairie et retraversé le ruisseau, nous regardâmes encore un instant dans la direction du bois, puis courûmes d'une traite jusqu'à la maison.

Une autre fois, je m'étais querellé avec Brosi, puis nous nous étions de nouveau réconciliés. Comme l'hiver s'annonçait déjà, le bruit courut que Brosi était malade, et l'on m'avait demandé si je voulais aller le voir. Je crois bien y avoir été une ou deux fois ; il était couché et ne disait presque rien ; cela m'inquiétait et m'ennuyait, malgré la moitié d'orange que sa mère me donnait. Ensuite, il ne se passa plus rien ; je jouais avec mon frère et avec le fils du journalier ou avec des petites filles et ainsi s'écoula un long, très long intervalle de temps. Il y eut de la neige, de nouveau de la boue, puis encore une fois de la neige ; le ruisseau gela, dégela, devint tout brun et blanc, enfin sortit de son lit et dans ses flots boueux on vit descendre du haut de la vallée un cochon noyé et une masse de bois mort ; il y eut aussi l'éclosion de poussins, la mort de trois d'entre eux ; mon petit frère tomba malade, puis se rétablit ; on battit le blé dans les granges, on filait dans les salles basses, et voilà qu'on avait recommencé à labourer les champs, tout cela sans la présence de Brosi. C'est ainsi qu'il s'était de plus en plus éloigné de moi, avait finalement disparu de mon univers et que je l'avais en somme oublié — jusqu'à cette certaine nuit dont j'ai parlé, lorsque la lumière rouge avait filtré à travers le trou de la serrure et que j'avais entendu mon père dire à ma mère : « À l'arrivée du printemps, il sera emporté. »

C'est dans une grande confusion de souvenirs et de sentiments divers que je m'endormis cette nuit-là et c'est peut-être le lendemain matin déjà que, sous la pression des événements, le souvenir de mon camarade de jeux, qui venait de se réveiller dans ma mémoire, serait retombé dans l'oubli et ne me serait, dès lors, jamais revenu à l'esprit avec la même force, la même fraîcheur et la même beauté. Mais, au petit déjeuner, ma mère me demanda :

— Est-ce que tu penses quelquefois à Brosi, qui jouait toujours avec toi et tes camarades ?

Je répondis « oui » et elle poursuivit de sa voix chaude :

— Au printemps, sais-tu, vous auriez dû vous trouver ensemble à l'école, mais maintenant il est si malade qu'il est bien possible que cela ne puisse se faire. Veux-tu aller le voir ?

Elle disait cela avec une telle gravité que je pensai à ce que j'avais entendu dire à mon père pendant la nuit et j'éprouvai un sentiment d'horreur, mêlé d'une curiosité angoissée. Brosi devait porter l'empreinte de la mort sur son visage, si j'en croyais les paroles de mon père, et cela me paraissait indiciblement atroce et surprenant.

Je dis de nouveau « oui » et ma mère me recommanda expressément :

— Pense un peu qu'il est très malade ! Tu ne pourras pas jouer avec lui et tu ne devras faire aucun bruit.

Je promis tout ce que l'on voulut et, séance tenante, je m'efforçai d'adopter un comportement tout à fait silencieux et discret ; le matin même, je me rendis chez

Brosi. Une fois arrivé devant la maison tranquille et un peu solennelle entre ses deux marronniers dénudés, dans la froide lumière de cette fin de matinée, je m'arrêtai et attendis un moment, écoutai attentivement à l'entrée du vestibule et j'eus presque envie de courir de nouveau à la maison. Prenant mon courage à deux mains, je gravis rapidement les trois marches de granit rose, franchis la porte d'entrée dont un battant restait toujours ouvert, regardai autour de moi et frappai à la porte la plus proche. La mère de Brosi était une petite femme alerte et douce ; elle s'avança sur le palier, me tendit la main, m'embrassa et me demanda : « Tu es venu voir Brosi ? »

Ce ne fut pas long ; nous nous sommes très vite retrouvés au premier étage, devant une porte peinte en blanc, la mère de Brosi me tenant par la main. Cette main de femme qui devait me conduire au cœur de mystères atroces, que je prévoyais obscurément, je la regardais comme j'eusse regardé celle d'un ange ou d'un magicien. Mon cœur anxieux battait avec violence, comme s'il voulait m'avertir, tandis qu'en proie à l'hésitation, je résistais de toutes mes forces, si bien que cette femme fut presque obligée de me traîner dans la chambre ; c'était une grande pièce claire et confortablement aménagée ; embarrassé et saisi d'horreur, je m'arrêtai sur le seuil et levai les yeux dans la direction du lit jusqu'au moment où on me conduisit près du malade. Alors Brosi se tourna vers nous.

J'examinai attentivement son visage étroit et pointu et je n'y discernai pas la présence de la mort, mais seulement une clarté subtile répandue sur ses traits, quelque chose d'inhabituel dans le regard, une expression de gravité et de résignation pleine de bienveillance ; à cette vue, je retrouvai les sentiments que j'avais éprouvés lorsque j'étais resté aux aguets dans la forêt silencieuse, et que, rempli d'une curiosité mêlée de crainte, je retenais mon souffle et pressentais qu'un ange allait passer près de moi.

Brosi me salua d'un mouvement de tête et me tendit sa main qui était brûlante, sèche et amaigrie. Sa mère lui caressa le front, me fit un signe et quitta la chambre ; je restai donc seul avec lui, assis au chevet de son petit lit ; je le regardais et nous demeurâmes un moment silencieux.

— Alors, te revoilà ? dit ensuite Brosi.

— Oui. Et toi aussi ?

Et lui :

— C'est ta mère qui t'a envoyé ?

Je fis un signe affirmatif.

Il était fatigué et laissa sa tête retomber sur l'oreiller. Je ne savais absolument pas que dire, je mordillais le bouton de ma casquette et je ne faisais que le regarder, tandis qu'il me regardait aussi ; enfin il sourit et, par plaisanterie, ferma les yeux.

Pendant qu'il se tournait un peu sur le côté, je vis tout à coup, par l'ouverture de sa chemise, luire quelque chose de rouge ; c'était la grande cicatrice de son épaule, et à cette vue, je me mis soudain à pleurnicher.

— Eh bien, qu'est-ce qui te prend ? demanda-t-il aussitôt.

Incapable de répondre, je continuai à pleurer en m'essuyant les joues avec le drap rêche de ma casquette, jusqu'à me faire mal.

— Dis-le-moi. Pourquoi pleures-tu ?

— Simplement parce que tu es si malade, dis-je enfin. Mais telle n'était pas la véritable cause de mes larmes. Ce n'était qu'un accès de cette tendresse passionnée et compatissante que j'avais déjà ressentie naguère et qui avait brusquement jailli en moi sans trouver d'autre issue que les pleurs.

— Ce n'est pas si grave, dit Brosi.

— Tu seras bientôt guéri ?

— Oui, peut-être.

— Mais quand ?

— Je ne sais pas. C'est long.

Après un moment, je remarquai tout à coup qu'il s'était endormi. J'attendis encore un peu, puis je sortis, descendis les escaliers et retournai à la maison où, à ma grande satisfaction, ma mère ne me posa aucune question. Elle avait bien remarqué que je n'étais plus le même, que j'avais vécu quelque chose de grave, et elle me passa seulement la main dans les cheveux en faisant un petit signe de tête, sans rien dire.

Malgré tout, il se peut bien que, ce jour-là, je me sois montré plus turbulent, plus irritable et encore moins soigneux que d'habitude ; avec mon petit frère, auquel je cherchai querelle ; à la cuisine, où j'allai tourmenter la servante occupée à ses fourneaux ; ou encore en rentrant à la maison plus crotté que d'ordinaire après avoir vagabondé à travers champs. Il s'était assurément passé quelque chose de ce genre, car je me rappelle encore que ce soir-là, ma mère m'avait regardé avec une tendresse et une gravité particulières – il se peut qu'elle ait voulu, sans prononcer une parole, me remettre en mémoire ce que j'avais vu dans la matinée. Je compris son intention et éprouvai quelques remords ; lorsqu'elle s'en aperçut, elle fit quelque chose d'exceptionnel. Elle prit sur l'appui de la fenêtre un petit pot à fleurs rempli de terre dans lequel était planté un bulbe noirâtre d'où sortaient déjà deux ou trois jeunes feuilles vertes, grasses et pointues ; c'était une jacinthe. Elle me tendit le petit pot en disant :

— Tiens, je te le donne. Dans quelque temps, il y aura une grande fleur rouge. Je pose cette jacinthe ici et tu devras en prendre soin, il ne faut pas la toucher ni la transporter n'importe où, et tu l'arroseras deux fois par jour ; si tu oublies de le faire, je te le rappellerai. Quand elle aura donné une belle fleur rouge, tu pourras la prendre et l'apporter à Brosi, cela lui fera plaisir. Veux-tu y penser ?

Pendant qu'elle me mettait au lit, je songeais avec orgueil à la fleur, à cet entretien d'une plante qui m'apparaissait comme une fonction importante et honorifique, cependant, dès le lendemain matin, j'oubliai de l'arroser, et ma mère me le fit remarquer. « Et comment va la plante de Brosi ? » demandait-elle, question qu'elle fut obligée de me poser plus d'une fois durant les jours qui suivirent. Pourtant rien ne m'occupait alors ni ne me réjouissait autant que cette plante. Il y en avait beaucoup d'autres, plus grandes et plus belles dans la salle de séjour et au jardin, et mon père et ma mère me les avaient souvent montrées. Mais c'était la première fois que je m'occupais avec amour d'une petite pousse comme celle-là, que je souhaitais sa croissance, que je la soignais et que j'en avais la charge.

Pendant quelques jours, l'état de la petite plante ne fut pas réjouissant, elle semblait souffrir de quelque mal et ne pas trouver les forces nécessaires à sa croissance. Comme je me montrai d'abord troublé, puis impatient devant ces difficultés, ma mère me dit une fois : « Vois-tu, c'est exactement la même chose pour la plante que pour Brosi, qui est si malade. Il faut les aimer et les soigner plus encore que d'habitude. »

Je compris très bien le sens de cette comparaison, et elle m'inspira bientôt une pensée entièrement nouvelle qui me domina complètement. Je sentais à présent qu'il existait un rapport mystérieux entre la petite plante qui s'efforçait péniblement de vivre et Brosi, le malade, et j'en conclus que si la jacinthe se développait heureusement, mon camarade recouvrerait la santé. En revanche, si elle ne s'en tirait pas, alors il mourrait, et si je négligeais la plante, j'en porterais la responsabilité. Dès que ce raisonnement fut bien clair dans ma tête, je surveillai jalousement et avec inquiétude mon pot de fleurs comme s'il s'était agi d'un trésor dans lequel eussent été enfermées d'étranges puissances magiques connues de moi seul et dont j'aurais été l'unique dépositaire.

Trois ou quatre jours après ma première visite – la plante avait encore un air assez misérable –, je retournai chez nos voisins. Brosi devait rester tranquillement couché, et comme je n'avais rien à dire, je me tins près du lit, regardant le visage délicat et enfiévré du malade que je voyais de profil et qui se détachait sur la blancheur des draps. Il ouvrait et refermait les paupières, mais à part cela il ne bougeait pas et un visiteur plus âgé et plus perspicace que moi aurait peut-être senti que l'âme du petit Brosi était déjà inquiète et qu'elle se préparait à retourner dans sa patrie. Au moment où l'angoisse allait m'envahir dans le silence de la chambre, la voisine entra et m'emmena gentiment sur la pointe des pieds.

La fois suivante, j'avais le cœur plus léger en arrivant chez Brosi, car, à la maison, ma plante poussait et dépliait gaiement ses petites feuilles pointues. Cette fois également le malade était plein d'entrain.

— Tu te rappelles, quand Jacob vivait encore ? me demanda-t-il.

Et nous nous souvînmes du corbeau et parlâmes de lui imitant les trois mots brefs qu'il avait appris à dire ; il fut aussi question d'un perroquet gris et rouge qui avait été l'objet de notre convoitise et de nos regrets et qui avait dû, autrefois, s'être égaré dans les environs. Le pauvre Brosi avait bientôt ressenti une grande fatigue, tandis que, distrait par mon bavardage, j'avais, sur le moment, oublié tout à fait son état maladif. Je racontai l'histoire du perroquet envolé qui faisait partie des légendes de notre famille. Le point culminant de cette histoire, c'était le moment où le vieux valet de ferme, apercevant le bel oiseau perché sur le toit de la remise, s'en va vite chercher une échelle et se dispose à l'attraper. Au moment où il surgit au bord du toit, et tente de s'approcher avec précaution du perroquet, celui-ci lui dit : « Bonjour ! » Alors le valet enlève sa casquette et s'inclinant très bas, répond : « Veuillez m'excuser, j'aurais juré que étiez un oiseau ! »

Quand j'eus raconté cela, je pensai que Brosi allait éclater de rire. Comme il ne le faisait pas tout de suite, je le regardai avec étonnement. Je le vis sourire doucement et avec gentillesse, ses joues semblaient être un peu plus roses qu'avant, mais il ne disait rien et ne riait pas bruyamment.

J'eus soudain l'impression qu'il avait plusieurs années de plus que moi. Ma gaieté s'évanouit à l'instant et fit place à l'embarras et à l'inquiétude, car je sentais bien qu'entre nous deux s'élevait maintenant quelque chose de nouveau, d'inconnu et de gênant.

Une grosse mouche hivernale bourdonnait à travers la chambre et je demandai à Brosi si je devais l'attraper.

— Non, laisse-la donc ! me dit-il.

Il me sembla que cette réponse, elle aussi, était celle d'un adulte. Troublé, je m'en allai.

Sur le chemin du retour, j'éprouvai pour la première fois de ma vie un pressentiment de la beauté voilée du premier printemps, telle que je l'ai ressentie une nouvelle fois des années plus tard, tout à fait à la fin de mes années d'enfance. Ce que c'était et comment je l'éprouvais, je ne saurais vraiment le dire. Je me rappelle du moins qu'une brise tiède soufflait, que des mottes de terre noirâtre et humide étaient alignées en bordure des champs qui brillaient en longues raies luisantes et qu'il régnait une atmosphère de foehn. Je me rappelle aussi que j'allais fredonner une mélodie et que j'y avais aussitôt renoncé parce que quelque chose m'oppressait et me rendait silencieux.

Ce bref trajet de la maison voisine jusque chez moi est resté profondément gravé dans ma mémoire ; je ne puis pas donner plus de détails à ce sujet, mais de temps à autre, quand je parviens, en fermant les yeux, à me retrouver là-bas, je crois revoir la terre avec un regard d'enfant — comme un don et une création de Dieu, à travers le voile ardent des rêves qui enveloppent la pure beauté, cette beauté que nous autres gens âgés ne connaissons qu'à travers les œuvres des artistes et des poètes. Peut-être avais-je à peine deux cents mètres à parcourir, mais sur ce trajet, on rencontrait plus de choses vivantes et il s'y passait infiniment plus d'événements qu'au cours de bien des voyages qu'il m'est arrivé d'entreprendre par la suite.

Les branches entrelacées et menaçantes des arbres fruitiers dénudés se détachaient sur le ciel avec leurs bourgeons pointus rouge-brun tout résineux, au-dessus d'eux passaient le vent et l'essaim voltigeant des nuages ; au-dessous, la terre nue se gonflait, travaillée par la fermentation printanière. Un fossé plein d'eau de pluie avait débordé sur la route et y faisait couler de petits ruisseaux d'eau trouble sur lesquels nageaient de vieilles feuilles de poirier, de petits morceaux de bois bruns dont chacun était un esquif qui voguait au fil de l'eau, s'échouait, connaissait tour à tour la chance et l'infortune, suivait le cours changeant de la destinée, toutes choses auxquelles je participais de tout mon cœur.

Soudain, un oiseau au plumage sombre voletait à l'improviste devant mes yeux, se retournait brusquement en battant des ailes, éperdu, jetait une roulade sonore et s'envolait étincelant, vers les hauteurs où mon désir émerveillé le suivait.

Un camion vide, que suivait un cheval de main venait à passer puis s'éloignait en grinçant et je le suivais du regard jusqu'au prochain tournant de la route avec ses robustes chevaux de trait qui semblaient sortir d'un monde inconnu pour y disparaître aussitôt, vision fugitive qui vous exaltait et vous emportait avec elle.

Ce sont là quelques petits souvenirs égrenés ; qui donc pourrait compter les aventures, les émois et les joies qu'en une heure d'horloge un enfant peut trouver dans la compagnie des pierres, des plantes, des oiseaux, des brises, des couleurs et des ombres, toutes choses qu'il oublie à mesure, et qu'il emporte cependant avec lui au travers des fortunes et des changements qui peuvent survenir au cours des années ? Une certaine coloration de l'air à l'horizon, un léger bruit dans la maison, au jardin ou dans la forêt, la vue d'un papillon ou quelque effluve respiré en passant, tout cela éveille souvent en moi et pour quelques instants des nuées de souvenirs échappés des temps anciens. S'ils ne sont pas très nets, ni reconnaissables individuellement, tous dégagent cependant cette même précieuse saveur d'autrefois, lorsque entre ma personne et les pierres, les oiseaux, les ruisseaux, circulait un courant de vie et se créait un lien d'intimité dont je m'efforce de conserver jalousement les vestiges.

Pendant ce temps, ma fleur en pot grandissait, étirait ses feuilles vers le haut et se fortifiait à vue d'œil. Avec elle croissaient ma joie et ma foi en la guérison de mon camarade. Le jour vint où un bouton rosé et arrondi commença à s'allonger et à se dresser entre les feuilles épaisses, et cet autre jour où le bouton se fendit, laissant voir une mystérieuse frisure de pétales d'un beau rouge avec une bordure blanchâtre. En revanche, j'ai complètement oublié le jour où, tout joyeux et tout fier, je transportai avec précaution mon pot de fleurs jusque chez nos voisins pour le remettre à Brosi.

Ensuite, je revois une claire journée ensoleillée ; dans les champs labourés, de petites pousses vertes sortaient déjà de la terre noire, les nuages avaient des franges dorées et les routes humides, les cours de ferme et les esplanades reflétaient un ciel pur et délicat. Le petit lit de Brosi avait été tiré plus près de la fenêtre, sur le rebord de laquelle la jacinthe rouge brillait de tout son éclat ; on avait un peu redressé le malade qui s'était appuyé sur des coussins ; il me parla un peu plus que d'habitude, une clarté chaude et brillante, qui rosissait à travers ses oreilles, enveloppait gaiement sa tête blonde et tondue. J'étais de très bonne humeur et je pensai qu'il serait bientôt complètement guéri. Sa mère était assise auprès de nous, et lorsqu'elle jugea que cela suffisait, elle me donna une poire de garde et me renvoya à la maison. J'étais encore dans l'escalier que je mordais déjà dans la poire ; elle était tendre et douce comme du miel et le jus m'en coula sur le menton et les mains. En chemin, je lançai au loin le trognon qui décrivit une longue trajectoire au-dessus des champs.

Le jour suivant, il plut tout ce qu'il pouvait pleuvoir et je fus obligé de rester à la maison ; j'obtins la permission, après m'être soigneusement lavé les mains, de me plonger dans la Bible illustrée, où je comptais déjà bien des images favorites, celles que je préférais par-dessus toutes les autres étant néanmoins les chameaux d'Éliézer et le petit Moïse dans les roseaux. Mais quand, pour la deuxième journée consécutive, il continua à pleuvoir des hallebardes, je devins morose. Je passai la moitié de la matinée à regarder par la fenêtre la cour et le marronnier ruisselants sous l'averse, ensuite je me livrai à toute la série de mes jeux, et vers le soir, lorsque j'eus fini de jouer, je commençai à me disputer avec mon frère. C'était toujours la même chanson : nous nous provoquions l'un l'autre jusqu'à ce que le petit me lance un mot injurieux et méchant à la tête, alors je lui donnais un coup et il s'enfuyait en hurlant à travers la salle de séjour, le couloir, la cuisine, les escaliers et la chambre à coucher où il courait se blottir sur les genoux de notre mère qui me renvoyait en soupirant. Jusqu'au moment où mon père rentrait à la maison, se faisait tout raconter, me punissait et, avec les admonestations d'usage, me fourrait au lit où j'avais l'impression d'être effroyablement malheureux et où je m'endormais bientôt, les joues couvertes de grosses larmes.

Ce fut le matin suivant, je crois, que je me trouvai de nouveau dans la chambre du petit malade ; sa mère mettait à tout moment son doigt sur ses lèvres et m'avertissait du regard, car Brosi gisait, les paupières closes, en poussant de faibles gémissements. Anxieux, je regardai son visage blême et grimaçant de douleur. Comme sa mère prenait ma main pour la poser sur la sienne, il ouvrit les yeux et me regarda un instant sans rien dire. Ses yeux me parurent agrandis, ils avaient une autre expression et tandis qu'il me considérait, son regard me sembla extraordinairement étranger, comme s'il venait de très loin ; il n'avait pas l'air de me reconnaître et semblait étonné de me voir, tandis qu'il paraissait absorbé par d'autres pensées, beaucoup plus importantes. Après un court instant, je me glissai au-dehors sur la pointe des pieds.

Dans l'après-midi toutefois, pendant que, sur sa demande, sa mère lui racontait une histoire, il sombra dans un assoupissement qui dura jusqu'au soir et pendant lequel les battements affaiblis de son cœur s'espacèrent lentement, puis s'éteignirent.

Au moment où j'allai me coucher, ma mère savait déjà la nouvelle ; pourtant, elle ne me l'annonça que le lendemain matin, après que j'eus pris ma tasse de lait. Toute la journée, je rôdai ici et là en rêvassant et j'imaginai que Brosi était allé rejoindre les anges, qu'il était devenu lui-même un ange. Je ne savais pas que le maigre petit corps avec sa cicatrice à l'épaule reposait encore là-bas, dans la maison, et je ne vis ni ne sus rien de l'enterrement.

Tout cela me fit beaucoup réfléchir et il se passa un certain temps avant que l'image de l'enfant mort s'éloignât de moi et disparût à mon regard. Il faut dire que, peu de temps après, le printemps éclata tout à coup, avec un peu d'avance ; les montagnes se teintèrent de vert et de jaune, dans le jardin, cela sentait les jeunes pousses ; hors de ses bourgeons éclatés, le marronnier hasardait ses feuilles tendrement enroulées et dans chaque fossé se pressait gaiement sur leurs larges tiges la foule éclatante des fleurs de dents-de-lion jaune d'or.

À quoi sert l'enfance ?... À devenir adulte !

Dans toute son œuvre, Hermann Hesse met en scène la quête de l'harmonie par des consciences déchirées. La fiction est le moyen qu'il choisit pour projeter sur des personnages ce drame existentiel qui, depuis son adolescence, est le sien au plus haut point. La description de leur itinéraire n'est qu'un mode de réponse à son propre malaise. De *Peter Camenzind*, en 1904, au *Jeu des perles de verre*, en 1943, ses romans sont ainsi l'expression allégorique ou symbolique de son monde intérieur. Il est à la recherche d'un équilibre et ses doubles imaginaires lui servent d'exutoire pour accepter les oppositions enfermées au fond de lui-même.

Comme il le fait dire en 1919 à son personnage d'Emil Sinclair, en préface à l'histoire de la jeunesse de celui-ci dans *Demian* : « La vie de chaque homme est un chemin vers soi-même, l'essai d'un chemin, l'esquisse d'un sentier. Personne n'est jamais parvenu à être entièrement lui-même ; chacun, cependant, tend à le devenir, l'un dans l'obscurité, l'autre dans plus de lumière, chacun comme il le peut. »

Cheminement de l'individu pour se réaliser intérieurement : la préoccupation majeure de Hermann Hesse a été d'illustrer ce processus. Marginalité ou intégration sociale, rébellion ou soumission au sentiment collectif, individualisme ou sens communautaire, résignation au compromis ou blocage dans le refus, contemplation ou action ? Telles sont les oppositions, d'abord personnelles, qu'il cherche à résoudre et qui commandent ses constructions littéraires. Cela, toujours à des fins positives. Dans une lettre du 4 mai 1931, il écrit à l'un de ses correspondants qu'il est le contraire d'un nihiliste et qu'il donne dans tous ses livres « les éléments d'une croyance à partir de laquelle il serait possible de vivre ».

Sa vision de la vie est inséparable des meurtrissures de son enfance et de son adolescence, meurtrissures qu'il attribue à sa nature, mais aussi au poids des traditions familiales, communautaires, sociales sur les institutions et les mentalités allemandes. Le résultat est qu'il a l'impression de parler aux Allemands, écrit-il dès 1902, dans une langue étrangère, et qu'il se sent étranger au milieu de leur troupeau. En situation d'exil intérieur, ce n'est pas un hasard s'il va fuir l'Allemagne pour s'établir définitivement en Suisse à partir de 1904.

La formation de la personnalité individuelle est aussi le thème des pages regroupées sous le titre *Mon enfance* ; elles en reçoivent du même coup un semblant d'unité comme s'il était question d'une seule et longue nouvelle.

En réalité, deux textes ont été assemblés bout à bout qui appartenaient initialement à des recueils différents : l'un publié en 1948, *Premières proses*, et l'autre en 1907, *Ici-bas*. Dans leur rédaction, néanmoins, ils datent sensiblement de la même époque. Et, dans l'un comme dans l'autre, Hesse part à la recherche de son passé le plus lointain pour tenter de comprendre comment il est devenu ce qu'il est.

Rend-il vraiment compte de ce qu'il a vécu, de ce qu'il a éprouvé quand il était enfant ? Partiellement, certes. C'est bien de ses parents qu'il parle, des punitions que lui a infligées son père, de son bonheur dans ses promenades en pleine nature, des établissements scolaires qu'il ne supportait pas, de la maladie et de la mort de son camarade le plus proche. Mais son récit est une reconstruction. Derrière lui sont présents un adulte avec les souvenirs qu'il a intériorisés, tout autant qu'un écrivain avec sa philosophie.

Parvenu douloureusement à l'âge mûr, Hesse considère l'enfance en général, à travers la sienne bien sûr, comme une accumulation d'épreuves qui pousse chacun à s'interroger sur soi-même et sur ses relations avec ses semblables. À ses yeux, les premières années de l'existence représentent le réservoir de sensations, d'impressions, d'événements qui s'inscrivent au plus profond de l'individu, pénètrent sa mémoire et son inconscient, forment son comportement ultérieur d'adulte. Elles aménagent une succession d'étapes nécessaires à l'accomplissement de soi, en même temps qu'à une relative adaptation à la vie en société. Tel a été son propre apprentissage. Il le conduit à suggérer que tout enfant doit connaître et surmonter l'angoisse, la révolte, l'humiliation, la mort, la séparation, la solitude.

Reste que ces expériences, même vécues par tout le monde, n'ont de valeur que dans la mesure où elles sont personnelles. Et le tragique est au bout quand, chez l'individu, s'estompe l'instinct de vie. Hesse est persuadé que cet instinct de vie est la force par laquelle chacun doit se laisser porter, sous peine de frustrations et de terribles souffrances morales. « L'homme est bon lorsqu'il règne une certaine harmonie entre ses instincts primitifs et sa vie consciente ; autrement, il est méchant et dangereux », indique-t-il dans l'une de ses lettres.

Voilà qui ne signifie pas qu'il serait permis à chacun de se livrer à tous les excès et débridements possibles :

il faut trouver son chemin dans le respect de ce qui est propre à la grandeur de l'Homme par rapport au règne animal, entre les exigences de la Nature et celles de l'Esprit. L'être humain ne saurait se réaliser que dans la conquête d'un équilibre entre ces antagonismes.

Le garnement sauvage, instable et indomptable que Hesse pouvait apparaître à ses parents et à son entourage est le même individu qui, des années plus tard, est capable de s'accepter pleinement sous cette image négative, tout en se tenant sereinement à distance de ce qu'il était. Les conflits ont disparu. Les inquiétudes n'ont pas été refoulées, elles se sont apaisées. Le passé n'est plus qu'un récit maîtrisé, voire nostalgique. Cette transmutation a été opérée grâce à un cheminement spirituel. Cheminement dans lequel est intervenue, sans qu'il soit possible à Hesse d'expliquer à vrai dire pourquoi, la magie de la littérature : la Bible et les contes qu'il lisait, ainsi que les poèmes que lui récitait son père, l'ont amené à rêver, à imaginer des histoires, et à en écrire.

Raconter sa propre enfance n'est donc pas simplement pour lui une affaire de mémoire. C'est un travail de transformation littéraire qui a pour fonction de transmettre une certaine conception de la vie et de l'homme. Comme il le signale à l'un de ses correspondants : « L'œuvre littéraire qui n'est là que pour le luxe et la décoration ne m'intéresse pas, mais qu'elle puisse être aussi le pain, le vin, une aide à la vie, là est sa justification et son sens véritable. »

Au fond, à quoi sert l'enfance, dans la vision de Hesse ? À rêver, à mûrir, à devenir adulte. Et quand on a la chance d'être écrivain, à pouvoir y puiser matière à littérature. « Il est donné aux écrivains de se souvenir des temps les plus lointains de leur vie bien davantage que les autres gens », note-t-il en 1900 dans *Hermann Lauscher*, l'un de ses tout premiers livres. Peu, en tout cas, ont tenté de le montrer autant que lui, même s'il invente ou embellit. Sa vie, en effet, la réalité ne lui suffisant jamais, se transforme très souvent sous ses yeux de façon naturelle, a-t-il avoué, en un « conte ».

LIONEL RICHARD

Vie de Hermann Hesse

1877. Naissance de Hermann Hesse le 2 juillet à Calw, petite ville du Wurtemberg, en Forêt-Noire. Il a déjà une sœur, Adèle (1875-1949). Il est le deuxième enfant de Johannes Hesse et de sa femme Marie. Elle-même était la veuve d'un missionnaire anglais, Charles Isenberg, dont elle a deux fils (Theodor, 1866-1941, et Karl, 1869-1937). Pasteur évangéliste et piétiste âgé de trente ans, Johannes Hesse est rattaché à la mission de Bâle. Il est allemand, originaire d'Estonie. Son père, né en Livonie, avec des ancêtres à Lubeck, vit lui-même toujours en Estonie, où il est médecin. Marie appartient par sa mère à une vieille famille de vignerons calvinistes de la région de Neuchâtel. Mais, troisième fille d'un orientaliste renommé, le missionnaire protestant Hermann Gundert, elle est née en Inde en 1842, à Talatscheri ; la famille est rentrée en Europe en 1845. Johannes Hesse, après avoir effectué un court séjour dans une mission en Inde, travaille alors dans la maison d'édition de son beau-père, à Calw.

1881-1886. Séjour de la famille Hesse à Bâle, où Johannes est chargé d'un enseignement à la mission protestante et de l'édition du magazine de celle-ci : il y publiera notamment une brochure sur Lao Tseu.

1886-1889. Retour de la famille Hesse à Calw. Hermann fréquente le lycée. En 1887, il écrit son premier texte en prose, *Les Deux Frères*. En 1889, il commence ses premières leçons de violon.

1890-1891. Hermann est inscrit comme interne à Göppingen, dans une école préparant l'accès au séminaire.

1891-1892. Hermann est au séminaire de Maulbronn. En mars 1892, il s'enfuit de ce cloître. Il tombe amoureux d'une jeune fille de vingt-deux ans, Eugénie Kolb. À partir de mai, il est placé dans une institution de Stetten pour épileptiques et malades mentaux. Il tente de se suicider. Finalement, son père décide de l'envoyer à Bâle, chez le pasteur Pfisterer. En novembre 1892, de sa propre initiative, il décide de poursuivre ses études dans un lycée près de Stuttgart, à Cannstadt : c'est là qu'habite Eugénie Kolb.

1892-1893. Élève au collège de Cannstadt, il loge en ville. Il poursuit de ses assiduités la belle Eugénie Kolb, mais en vain. Peu à peu, il sombre dans la dépression. À la mort de son grand-père Gundert, il a l'impression d'avoir tout perdu. Il fréquente les auberges et accumule les dettes. En juillet 1893, il réussit néanmoins à son examen. Mais, accablé de maux de tête, il refuse de continuer ses études.

1893-1894. Il commence un apprentissage de libraire à Esslingen, mais il y renonce au bout de trois jours. Son père se sent désarmé devant son comportement. Il le prend temporairement auprès de lui pour l'assister dans la maison d'édition où il travaille.

1894-1895. Romantiquement attiré par le travail des artisans, Hermann choisit de devenir apprenti mécanicien chez Perrot, à Calw, une vieille fabrique d'horloges mécaniques pour clochers.

1895-1898. En septembre 1895, sans respecter son contrat, il quitte subitement la maison Perrot. Il envisage de partir à l'aventure. Mais son père le pousse à chercher du travail. Suite à une annonce qu'il rédige avec lui, Hermann trouve une place d'apprenti libraire, à Tübingen, chez Heckenhauer. Pendant cette période, il lit abondamment.

1898-1899. En 1899, il publie une plaquette de poèmes, *Chants romantiques*. Il a définitivement décidé de son avenir : il sera écrivain. Paraît aussi une série de neuf études en prose, *Une heure après minuit*. Il s'installe à Bâle, où il travaille dans une librairie.

1900. À l'automne 1900 (datés de 1901), il publie, à compte d'auteur et à peu d'exemplaires, les prétendus *Écrits et poèmes laissés par Hermann Lauscher*.

1901. De mars à mai, voyage en Italie.

1902. Mort de sa mère.

1903. À la fin de janvier 1903, il reçoit une lettre des éditions Samuel Fischer de Berlin, qui, après la lecture des *Écrits et poèmes laissés par Hermann Lauscher*, seraient heureuses de publier l'un de ses livres. En mai 1903, il envoie le manuscrit de *Peter Camenzind*. Il effectue un deuxième voyage en Italie, accompagné de Maria Bernoulli, âgée de trente-neuf ans ; avec sa sœur, elle a ouvert un studio de photographie d'art à Bâle.

1904. Il publie *Peter Camenzind*, dont la première édition est épuisée au bout de quinze jours. Il épouse Maria. Jusqu'en 1912, le couple habite au bord du lac de Constance, à Gaienhofen. Il collabore à de nombreuses revues, dont la fameuse *Neue Rundschau* qui paraît chez Fischer. Autres voyages en Italie. À partir d'octobre, sa femme souffre d'une sciatique.

1905. Publication de *L'Ornière* en feuilleton dans le journal *Neue Zürcher Zeitung*. *Peter Camenzind* est traduit en norvégien et en suédois. En décembre, naissance de son premier fils, Bruno.

1907. Déménagement dans une grande maison confortable, construite à l'orée de Gaienhofen, au lieu-dit Erlenloh.

1908. Parution de *Voisins*, recueil de nouvelles, aux éditions Fischer.

1909. Naissance de son deuxième fils, Heiner.

1910. Parution d'un roman, *Gertrude*.

1911. Les relations de Hesse avec sa femme deviennent de plus en plus mauvaises. Il tombe dans un état dépressif. Naissance d'un troisième fils, Martin. Désirant connaître les lieux où sa mère et ses grands-parents maternels ont vécu, il part en Inde avec le peintre Hans Sturzenegger. Mais il ne parvient pas à l'Inde profonde qu'il a rêvé d'atteindre : il ne découvre vraiment que Singapour, Sumatra et Ceylan. Parution du recueil de poèmes *Chemin faisant*.

1912. Il vit à Berne jusqu'en 1919. Avec toute sa famille, il habite la maison auparavant louée à un peintre de ses amis récemment décédé, Albert Welti. Publication de *Détours*, recueil de nouvelles.

1913. Parution de *Retour de l'Inde*, recueil de notes de voyage.

1914. Parution de *Rosshalde*, roman sur le naufrage d'un couple. Le 3 novembre, il rejoint le groupe, très minoritaire, des intellectuels allemands opposés à la guerre : dans le journal *Neue Zürcher Zeitung*, il publie une lettre ouverte intitulée : « Ô mes amis, pas ces accents-là ! », titre emprunté au mouvement final de la *Neuvième Symphonie* de Beethoven. Il noue des relations épistolaires avec Romain Rolland.

1914-1919. Activité à Berne, dans les Services d'aide aux prisonniers allemands. Éditeur de plusieurs publications à l'intention des prisonniers. En 1918-1919, sous l'égide de la légation d'Allemagne à Berne, il anime la Centrale des livres pour les prisonniers de guerre allemands.

1916. Mort de son père. Il est atteint de dépression nerveuse. Séjour en cure à Sonnmatt, près de Lucerne. Il entreprend une psychothérapie avec un disciple de Jung, J.-B. Lang. Publication de *Belle est la jeunesse*.

1919. Il publie *Demian ou Histoire d'une jeunesse* en laissant croire qu'il s'agit de cahiers laissés par un certain Emil Sinclair et qu'il n'en est que l'éditeur. Le prix Fontane est décerné à cet inconnu. Quand la supercherie est éventée, Hesse décide de rendre le prix Fontane qui lui avait été accordé. Il publie aussi, anonymement, *Le Retour de Zarathoustra*, écrit en trois jours et trois nuits. Il se sépare de sa femme : « Nous sommes d'accord, écrit-il à son ami Georg Reinhart, sur la nécessité d'une séparation afin que ma femme s'occupe des enfants et que moi je vive totalement pour mon travail, donc pas auprès de ma famille. » Il s'installe seul à Montagnola, dans le Tessin où, jusqu'en 1931, il habitera la Casa Camuzzi. Il commence à s'adonner à la peinture.

1920. Parution du *Dernier été de Klingsor.*

1922. Parution de *Siddhartha.* Son divorce avec Maria Bernoulli paraît inéluctable.

1923. Séjours réguliers en cure à Baden, près de Zurich. Son divorce devient effectif à partir du 24 juillet.

1924. Il reprend la nationalité suisse, acquise lors du séjour de son père à Bâle et à laquelle il avait renoncé lors de ses études secondaires en Allemagne. Après avoir beaucoup hésité, il finit par épouser Ruth Wenger, de vingt ans sa cadette.

1925. *Curiste*, récit humoristique d'une cure à Baden, paraît à Berlin. Il accomplit une tournée de lectures en Allemagne (Ulm, Munich, Augsbourg, Nuremberg). Mais il est plongé dans l'inquiétude et la souffrance : Ruth est atteinte d'une grave affection pulmonaire qui la condamne à l'inactivité, et sa première épouse, Maria, connaît des crises de folie furieuse qui rendent impossible la vie des enfants avec elle.

1927. En janvier, Ruth lui écrit qu'elle souhaite divorcer. Publication du *Loup des steppes* et du *Voyage à Nuremberg*. Il reçoit la visite de Ninon Dolbin, historienne d'art, âgée de trente-deux ans, une admiratrice qui lui écrit depuis déjà... dix-huit ans.

1930. Parution de *Narcisse et Goldmund*, qui obtient un grand succès auprès de la critique.

1931. En novembre, il se marie avec Ninon Dolbin. Le couple s'installe dans une nouvelle maison, un peu à l'écart de Montagnola, que l'architecte et mécène H. C. Bodmer a mis à leur disposition. Il commence à travailler au *Jeu des perles de verre*.

1932. Publication du *Voyage en Orient*.

1934. Il adhère à la Société des écrivains suisses, afin de pouvoir venir en aide à ses confrères allemands émigrés, chassés par le nazisme.

1939. La vente des œuvres de Hesse continue en Allemagne, mais leur réimpression est interdite par le pouvoir nazi. Elle le restera jusqu'en 1945.

1942. Les autorités nazies rejettent la publication du *Jeu des perles de verre*, prévue par Peter Suhrkamp à Berlin.

1943. Le *Jeu des perles de verre* paraît dans une maison d'édition suisse. Fin mai, Peter Suhrkamp rend visite à Hesse, à Montagnola.

1944. Peter Suhrkamp est arrêté à Berlin par la Gestapo en avril. Déporté au camp de Ravensbrück puis dans celui de Sachsenhausen, il ne sera libéré qu'en février 1945.

1946. Publication d'un recueil de réflexions sur la guerre et la politique sous le titre *Guerre et Paix*, dédié à Romain Rolland. Ses œuvres commencent à être remises sur le marché en Allemagne. Il reçoit le prix Nobel de littérature.

1947. L'université de Berne lui décerne le titre de docteur *honoris causa*.

1955. Il reçoit le prix de la Paix des libraires allemands à la Foire du livre de Francfort.

1962. Mort de Hermann Hesse, le 9 août, à Montagnola.

Repères bibliographiques

Ouvrages de Hermann Hesse

- *Carnets indiens*, Corti, 1995.
- *La Bibliothèque universelle*, Corti, 1995.
- *Lettre à un jeune artiste*, Mille et une nuits, 1994.
- *Magie du livre*, José Corti, 1994.
- *Poèmes*, José Corti, 1994.
- *Le Voyage à Nuremberg*, Calmann-Lévy, 1994.
- *Romans et nouvelles (Peter Camenzind, L'Ornière, Rosshalde, Knulp, Demian, Le Dernier Été de Klingsor, Le Loup des steppes, Une petite ville d'autrefois, Souvenirs d'un Européen)*, Laffont, coll. Bouquins, 1993.
- *Le Voyage en Orient*, Calmann-Lévy, 1991.
- *Lettres (1900-1962)*, Calmann-Lévy, 1981.
- *Siddhartha*, Le Livre de poche, 1979.
- *Narcisse et Goldmund*, Le Livre de poche, 1977.
- *Enfance d'un magicien*, Calmann-Lévy, 1975.
- *Le Jeu des perles de verre*, Calmann-Lévy, 1971.

Études sur Hermann Hesse

- BEAUJON (Edmond), *Le métier d'homme et son image mythique chez Hermann Hesse*, Genève, Éditions du Mont-Blanc, 1971.
- CASEBEER (Edwin), *Hermann Hesse. De* Siddhartha *au* Jeu des perles de verre, Bruxelles, Mardaga, 1984.
- LÉVY (Bertrand), *Hermann Hesse*, José Corti, 1992.
- SÉNÈS (Jacqueline et Michel), *Hermann Hesse le Magicien*, Hachette, 1989.
- Numéro spécial de la revue *Sud* consacré à Hermann Hesse, n° 82, 1989.
- « Dossier Hermann Hesse », *Magazine littéraire*, n° 318, février 1994.

Mille et une nuits propose des chefs-d'œuvre pour le temps d'une attente, d'un voyage, d'une insomnie…

Derniers titres parus chez le même éditeur

125. Lewis Carroll, *La Chasse au Snark.*
126. Khalil Gibran, *Le Fou.* 127. Thomas Mann, *La Loi.*
128. Victor Hugo, *L'Art d'être grand-père.*
129. Pierre Legendre, *La Fabrique de l'homme occidental.*
130. Jean-Jacques Rousseau, *Discours sur l'origine et les fondements de l'inégalité parmi les hommes.* 131. Apocalypse.
132. Julien Offray de La Mettrie, *L'Art de jouir.*
133. Raphaël Confiant, *La Baignoire de Joséphine.*
134. Charles Baudelaire, *Mon cœur mis à nu.*
135. *Bhagavad-Gîtâ.* 136. Érasme, *Éloge de la folie.*
137. Bernard Comment, *L'Ongle noir.* 138. Ambrose Bierce, *Le Club des parenticides.* 139. Lucien de Samosate, *Sectes à vendre.* 140. Edith Wharton, *Les Yeux.*
141. Baltasar Gracián, *L'Homme de cour.*
142. Nicolas de Chamfort, *Maximes et Pensées.*
143. Dominique Méda/Juliet Schor, *Travail, une révolution à venir.* 144. Émile Zola, *Comment on se marie.* 145. Aristote, *Poétique.* 146. Alessandro Baricco, *Novecento : pianiste.*
147. Honoré de Balzac, *Traité des excitants modernes.*
148. Herman Melville, *Les Îles enchantées.* 149. Arthur Koestler, *Les Militants.* 151. Jack London, *Construire un feu.*
152. Émile Zola, *Comment on meurt.* 153. Alexandre Pouchkine, *Le Coup de pistolet.* 154. Ferenc Karinthy, *L'Âge d'or.*
155. Jules Verne, *Une Fantaisie du docteur Ox.* 156. Confucius, *Entretiens du maître avec ses disciples.* 157. Edgar Morin/ Christoph Wulf, *Planète : l'aventure inconnue.*
158. Jean-Bernard Pouy, *Plein tarif.* 159. Chester Himes, *Une messe en prison.* 160. Cesare Battisti, *Nouvel An, nouvelle vie.*
161. Jean Ray, *Le Psautier de Mayence.* 162. Lovecraft, *Les Rats dans les murs.* 163. Dashiell Hammett, *Le Meurtre de Farewell.*
164. Gérard de Nerval, *Aurélia.* 165. Oscar Wilde, *Le Fantôme des Canterville.* 166. Hanns-Erich Kaminski, *Céline en chemise brune.* 167. Susanna Tamaro, *Rien à cirer.* 168. Dan Franck, *Tabac.* 169. Ernesto Che Guevara, *Voyage à motocyclette.*
170. Jacques Testart/Jens Reich, *Pour une éthique planétaire.*

Pour chaque titre, le texte intégral, une postface, la vie de l'auteur et une bibliographie.

Achevé d'imprimer en août 1997,
sur papier recyclé Ricarta-Pigna par G. Canale & C. SpA (Turin, Italie)